山口組の「光と影」

昭和と平成それぞれの分裂

山之内幸夫
×
沖田臥竜

［写真］
岡本康司
（ヤスワンフォトス）

［デザイン］
鈴木俊文
（ムシカゴグラフィクス）

はじめに

沖田臥竜

連日、加熱する山口組と一和会の抗争。通称、山一抗争をTVのニュースで観ながら、わけもわからず小さな胸をドキドキさせていた少年も43歳となった。

あの頃、まさか私自身が後に山口組系の組員となり、ヤクザになるなんて想像することもできなかった。仮にあの頃の少年だった私に「君は将来、ヤクザになるんだよ」と教えてやることができるなら、少年は間違いなく気絶してみせることだろう。いや、私のことだ。泣きながら「プロ野球選手になるんだ！」と躍りかかってくるかもしれない。

人生とは分からぬものである。ヤクザだった私がヤクザ稼業から足を洗い、今ではこうして書く仕事で生計を立てている。書く仕事の8割がヤクザ業界のことなので、気がつけば現役でヤクザをやっていた頃よりも、はるかに今の方がヤクザ事情に詳しくなってしまった。本当に人生とは分からぬものである。

そんな私が山口組の記事を書く上で、どうしても話を聞きたい人物がいた。その人物こそ、山口組の元顧問弁護士の山之内幸夫先生だった。

今ではヤクザ業界だけでなく、一般人でさえ意味を把握している「ヒットマン」という言葉を、代表作「悲しきヒットマン」で日本に広め、山口組の光と影を見てきた人物。その人こそ山之内先生なのである。

人相は人柄を表すと言われているが、山之内先生の眼はどこまでいっても誠実で明るく、一点の曇りもなかった。ヤクザ社会に長らく携わってきたがゆえの、こすっからさもなければ、ヤクザの親分のような独特の眼光の鋭さや冷たさもない。それでいて話すと理論整然としていて、かつヤクザを長年取材してきたというフリーライターのようなピントのズレが全くなく、ヤクザ社会を熟知しているのだ。

対談中、何度も山之内先生の話に引き込まれ、そのたび、本当にこの人は弁護士の先生だったのか、と想いを巡らせたことか。

山之内先生は言う。時代がどれだけ変わってもヤクザの真髄は暴力であると。その意味するところは、何もヤクザは常に暴力を振るっていなければならないというのではない。圧倒的な暴力という力が根底にあるからこそ、人はヤクザを恐れ、同時にその力を頼るのである。そして暴力を信仰する者は、いつしか平和を望むようになると、山之内先生は語っている。

本書では、これまでに語ったことのない裏話やエピソードを山之内先生は語ってくれている。

生前、五代目山口組若頭、初代宅見組・宅見勝組長は山之内先生に対して、「山口組は10年に一度大きな抗争が起きた方が良い。その方が組員もピリッとする。10年あればケンカする金も貯めることができる」と話されていたことを聞かせていただいた。奇しくも五代目体制発足から10年で宅見組長が兇弾に倒れ、六代目山口組発足10年後には分裂という事態に見舞われている。宅見組長の予想は的中することとなってしまった。

18年夏から急速に水面下で動き始めた六代目山口組サイドの切り崩しは19年に入り、様々な噂が飛び交い、同時に活発化している。

今後、六代目山口組の分裂騒動はどうなっていくのか。私などに知るよしもないことだが、組織はあくまで人と人の集合体によって形成されている。言うならば組織は生きものなのだ。それだけに結末を予測するのは困難となる。

三代目山口組から現在の六代目山口組まで、時に内側から、そして時には外側から携わってきた山之内先生の話に、私が引き込まれたように、読者の皆さんに本書を通じて体感していただければ幸甚である。

平成31年4月

目次

第一章　平成の分裂

◯ヤクザを取り巻く環境

沖田　六代目山口組の分裂①の衝撃は今でも鮮明に覚えています。すでに私はカタギになり②、物書きとして第二の人生を歩んでいたのですが、それでも血が騒ぐものがありました。先生はどうでした？

山之内　ショックでした。嘘であってほしい。そうでなければ、時間がさかのぼってほしいと思いました。山口組とのかかわりでは過去二回、「時間よ戻ってくれ」と願ったことがあります。それは竹中さん（四代目山口組・竹中正久組長）と宅見さん（五代目山口組・宅見勝若頭）が殺された時です。今回の分裂もそれに匹敵します。

沖田　その分裂から3年が過ぎ、4年目に突入しましたが……。

山之内　端的に申し上げますと、分裂してできた2つの組織が、今後、存続していけるかいけないか、3年もあれば、おおよその目安がつくかと思います。

今、水面下ではかなり動きがあるとみています。

沖田　動きというのは、やはり六代目山口組の切り崩しのことですか？

山之内　そうです。そして、水面下ではより進行していて、特に任侠山口組の人たちの中に、不安と将来に対する不確かさが芽生えているんじゃないかという気がしますね。それが一部の任侠山口組の人たちが六代目山口組側に帰ってくるという形で表面化しているのではないかと。

仮に、任侠山口組が軒並み六代目山口組側に移るとなれば、神戸山口組の人たちも決して穏やかではおれないはずです。

沖田　そういった意味で3年が過ぎ、見通しが立ち始めてきたというわけですね。

山之内　現実問題として、新しくできた組織が一本で確立して、社会に根を生やすというのは無理と言っていいでしょう。もう、そんな時代じゃないです。

何せヤクザ自体が存続できるかどうかという時代ですからね。他の国に見られる組織犯罪集団のように地下結社にならざるを得ない瀬戸際に立たされている時に、「新しいヤクザ組織を結成しました」と言ってもね。

沖田　私は六代目山口組の分裂がより一層、組織潜在化の風潮を強めたという側面もあると思うんです。潜在化は当局がヤクザに対する厳罰化を進めたことが原因と言われていて、今の取り締まりを見れば当然でしょう。
ただ、私が現役の頃、8年前のことですけどね、すでに厳罰化は始まっていたんですよ。それを考えると、取り締まりが強化されたからこそ、六代目山口組の分裂が起きたとも言えるんじゃないかと。もう少し言えば、ヤクザを取り巻く環境の悪化が、分裂に向かわせたのではと考えてしまうんです。

山之内　なるほど、山口組を取り巻く環境悪化が分裂を生み、さらなる環境悪化を呼び込む、まさに悪循環が起きているということですか。うなずける話です。
でも、そもそもヤクザを取り巻く環境というのは、日本はきわめて特殊なんです。公然とした形で、ヤクザが社会に存在しているのは、日本だけなんでね。他の国に見られるアウトロー集団というのは全部、潜在的なもんなんですよ。

沖田　確かに、ヤクザは本当に律儀なくらいヤクザであることを、これまで世間に対して示してきました。それが、次第に私生活において、代紋③を名乗れば不利益しかないような状況になっていき、ヤクザであることをひた隠して契約でも結ぼうものなら、逮捕される時代になってしまった。現役の頃、どないせいいうねんって、何度も思いました。

山之内　日本のヤクザ組織の、きわめて特殊な形態が維持できるのか、それとも結局は解体ということになって、バラバラになり、組織犯罪ごとにアウトローが集まるような集団になっていくのか、今はギリギリの時代かなという気がするんです。

沖田　現場の組員の中からは、そうなってくれた方が良いという声もよく聞こえてきます。海外のマフィアのように地下に潜れれば、実際、当番[4]もなくなり、身体を取られることも大幅に減りますからね。面倒なことがずいぶんと減るわけです。

　ヤクザをやっていて、儲かっていれば良いですけど、儲からない挙句に肩身が狭い。端で見ている分には良いですけども、やっている現場の組員はそりゃ大変ですよ。

山之内　すっかりヤクザは国や政治、権力、あるいは一般国民にとって、用がない存在のようになってしまったということなんですよ。ヤクザの歴史を紐解けば、政治から利用された時代、あるいは国の治安維持、特に終戦後の混乱期には警察に代わって、治安維持に一役買った時代があるんですけどね。

沖田　任侠山口組の織田絆誠代表という人は、そのあたりを強く意識したのではないかと思うんです。だから、⑤治安維持隊や国防隊といったこれまでのヤクザ組織にない役職を誕生させました。でも、世論が認めるには至らなかった。指定暴力団として公示され、結局は従来通りのヤクザ組織の形態になっていくしかなかった。

山之内　世論がヤクザを認めるというのは、今はなかなか難しい。かつて大手資本から要請された地上げで、ヤクザが金儲けした時代があるでしょう。その時だって、世間が認めたというより、バブル経済の特需でしかなかった。

そうした需要も景気が良くならないから、どんどんなくなっている。いわゆる民事介入暴力と呼ばれる民間の経済分野に暴力の手を突っ込んでいくシノギ[6]がない。そうなると、本当にシノギは純然たる違法収入しかないわけですが、今はみかじめと言われる守料を取るのも非常にやりにくくなってきてますからね。食う手段がない。博打で食っていけるわけでもないですし、ヤクザが食っていけるだけのシノギのパイが小さくなってます。

○物心両面を支える代紋

山之内　そんな中で三つに分かれてシノギを削って、それぞれが存立していくというのは、ちょっと難しいと思いますね。やはり縄張りを奪いに行くとか、何かしら争いが起こってしまう。すると、どうしても代紋の大きい所が小さい所を押していきますんでね。

その状況下で分裂して出ていった親分は、責任上連れて出た若衆を食わしてやらんとあかんのですよ。大人しくシノギをさせてもらえたらええですけど、そういうことは無理ですから、シノギでぶつかったら、まず小さい所は押されていくわけで……。徐々に若衆の不満がつのって、親方の許可なく勝手に古巣に戻るということも起こるわけです。

沖田　代紋の大きい小さいは、分裂前からありましたが、外に出た人たちに対して、同じ山口組だからという遠慮はなくなりましたよね。それは逆もまたしかりで、出ていった側も遠慮はいらなくなった。

山之内　だからこそ、傘下組員の人たちが選んでいくと思うんですよ。いわば、どの代紋を担いでいるのが一番、物心ともに満足できる人生になるのかという選択ですわ。

物心の「心」というのは、代紋への誇りであり、大きな力となって勇気を与えてくれるもの。つまり、ヤクザとして生きていく上で大きな柱となるものです。

三つの山口組のどの山口組が一番頼りになるかということですね。そして、「物」というのは、代紋の力によって、金儲けができる。あるいは、いろいろな利権に絡んでいけるという意味です。

沖田　でも、カタギになって、私が一番初めに感じたのは、ヤクザよりもカタギの方が断然、食べていけるということだったんです。悪いことだって、むしろカタギの人間の方がやっているぐらいでね。代紋を持っていると、シノギも何もできない。いつだって、警察に眼をつけられているわけですから。

山之内　確かに常時、警察に引っ張られていますもんね。だから、正確には物心の「物」はシノギでぶつかった時に、代紋の大きさという力を発揮する意味合いになりますかね。そういう中で、六代目山口組の司忍組長が、傘下の組員に「いつでも戻ってこい」と一貫して言っているのは大きい。

沖田　やっぱり先生は、出ていった傘下組員たちが、ゆくゆくは自分の意思で六代目山口組に戻っていくだろうという見解ですか?

山之内　今後、将来を見据えた場合、例えば神戸山口組にしても、任侠山口組にしても、六代目山口組を吸収するとか、六代目山口組がそちらに寄って合併するということは考えられない。もし統合していくのであったら、やはり本元の六代目山口組側に吸収されていくしかないわけでしょう。吸収されずに、穏便にシノギができて食っていけるんだったら、そういう三つの組織が並行して存立していくこともあるんでしょうけども、それは本家がやらしてくれないでしょう。

沖田　六代目山口組サイドにすれば、メンツがありますから、並立は絶対に認めないですよね。ただ、神戸山口組を立ち上げた以上、上層部は相当な覚悟を持って六代目山口組を割って出たと思いますので、戻るという選択肢はないと思うんです。もちろん、織田代表も神戸から割って出たことで、状況を大きく変えたことは間違いないわけで、その存在感は誰も無視できるものではない。即座に分裂が終わるとは言えないと思います。

○高山清司若頭の影響力

沖田　でも、今秋にも六代目山口組の高山清司若頭⑦が出所します。この現場復帰が分裂収束の鍵を握っていることは衆目の一致するところだと思うのですが、先生は高山若頭とは親しかったのですか？

山之内　実は高山さんとはゆっくり話したことがないんです。本家で挨拶した程度で、きちんと考えを聞く機会がなかった。ただ、彼が現場復帰したらピーンと引き締まることは間違いなく、解決への動きが加速されるし、命令系統がはっきりします。現時点では高山さんの出所前に解決したいと思ってるんですけどね。沖田さんは現役時代に高山さんの影響力を肌で感じたことはありますか？

沖田　私は二次団体の組員ですから、高山若頭からすると枝の組員[8]です。当然、直にお話をさせてもらったことはありません。でも、影響力の凄まじさを目の当たりにしたことはあります。

山之内　それは興味深い。いつのことですか。

沖田　渡辺芳則五代目組長[9]の葬儀の時（２０１２年12月）です。通夜も告別式も「山口組会館[10]」で執り行われたんですが、私が支えた親分（二代目大平組・中村天地朗組長[11]）の付きとして通夜に参列させてもらったんです。すでに引退されていた岸本才三[12]さん（初代岸本組組長）や滝沢孝[13]さん（芳菱会総長）、稲川会の会長や理事長も来られていて、緊張したこともあって、記憶に残っているのかもしれません。

それに、あの時はプラチナの直系組長[14]は通夜のみ参列が許されて、付きも１人と決められていたんです。私の親分はとにかく義理堅く、告別式への参列を最後まで本家に申し出ておられたけど、告別式に出ることは認められなかった。それで、付きに選ばれたわけですから何より緊張します。それは記憶が鮮やかなのも当然です。

　その通夜は一階のホールで営まれたんですが、高山若頭が二階から降りてきた瞬間に、一階の空気が緊張で漲ったんです。例えば、それまで思い思いに談笑されていた親分衆もピシッとされるわけです。その緊張感が式場全体に伝わると言うのか、とにかく高山若頭の存在でガラリと雰囲気が変わるんです。

山之内　それは分かります。皆さんがピリピリしますよね。存在感がそれだけ強烈なんでしょうね。

沖田　しばらくすると、高山若頭が近くにいる執行部の親分衆[15]に「そろそろ舎弟さんらに降りてきてもらえ」とボソっと言われたんです。私は目の前で整列して、その様子を見ていたんですが、若頭補佐を務める親分がですよ、自分でサッと走って呼びに行かれたんです。私にしてみると衝撃でした。山口組の若頭補佐と言えば、親分も親分、大親分じゃないですか。そのクラスの親分が駆け足で走られるんですからね。

山之内　本家に入ってきた時からヤクザの世界のルールに厳格な親分だとは聞いていたので、六代目体制発足時から執行部でも強烈な存在だったと思います。それだけに髙山さんが今、シャバにいれば、おそらく強行な姿勢を取ると思うんです。

沖田　それは抗争によって分裂に終止符を打つということですか。

山之内　ただ、ぼくは暴力で決着をつけるようなことはいけないという考えなんです。

沖田　分裂当初から先生はメディアでも、そう話されていましたね。

山之内　この分裂問題の収束に向けて犠牲を払うことは全くの無駄、意味がないとぼくは思っているからなんです。

　犠牲というのは、殺されたり殺したりということに加えて、懲役に行くという二通りの意味があるんです。懲役に行ったところで、帰ってきても、出ていった組だと、その時まで組が存続しているかも分からない。六代目山口組側にしても、犠牲を出してはいけないと思っています。放っておいても、傘下構成員たちは自分で人生を選んでいくわけですからね。強行手段を取るべきではないんです。

　もちろん、高山さんは冷静なまでに先を見越して行動する親分ですから、このご時世に全面抗争を引き起こすとも思えないのですけどね。

沖田　私が聞いた話の中には、こういうのがあります。出所後に高山若頭の意を汲んだ他団体が終結に向けて、外交的に働きかけるのではないかというのです。事実となるかどうかは、もちろん分かりません。ただ、山口組が分裂したことで、他組織に与えた影響は大きい。警察当局の厳罰化が加速し、渡世の中で絶対であった盃[16]が崩壊し、それとともに破門や絶縁といった処分も、これまで以上に意味が薄れました。分裂後、書状が乱発されたことからも分かりますよね。山口組というのは、数ある指定暴力団の中の最大組織です。そこが崩れたのですから、ヤクザ業界全体の秩序が乱れた側面もあるはずです。

それを髙山若頭の出所という一つの区切りに、乱れた秩序を正そうとする動きが出るのではないかと。そうすることによって、当局の弾圧が緩和されることを期待する声もあるんです。

山之内 確かに、ヤクザに対する厳罰傾向は法の下の平等を無視している状態です。次々と新しい法令ができていることも、ヤクザにとっては焦りの材料になっている。

沖田 それに、山一抗争の時は、他組織が動いて終焉へと導いたわけじゃないですか。こうした時の氏神[17]は、今回の分裂では現れないと思いますか。

山之内 現状までを見ると、やはり他組織も今すぐの統合は無理だと見ているのではないでしょうか。しばらくは、分裂状態が続くのではないかと思います。

沖田　今すぐにではないにしても、いつかは時の氏神が現れる可能性はあるということですね。現れるにしても、現れないにしても、先ほども言ったように「六代目」「神戸」そして「任侠」と、それぞれにメンツや覚悟があるわけで、どんな点が分裂終焉のネックになるとお考えですか。

山之内　一番の問題は、出ていった人たちに引き際を作ってあげられるかどうかでしょうね。六代目山口組は6人（神戸山口組の井上邦雄組長、入江禎副組長、寺岡修若頭、池田孝志最高顧問、正木年男総本部長、任侠山口組の織田絆誠代表）を永久追放すると決めました。絶対に六代目山口組に戻さないということなんですが、特に絶縁処分にされた神戸山口組の首脳陣5人に対して、上手く身が引けるような状況ができないことには終わらないと思いますね。

まずは身の安全、つまり命の保証があって、経済的にもそこそこ持っているという状態にできればいいと思うんです。自分が率いた組織を継いだ人が守ってくれるとかでもいい。ある意味、トップというのは辞めるとなったら恨みを買う立場でもありますんでね。若い人たちを引きずり回して散々、犠牲にして、それで最後はこれかいとなることもありますからね。円満に身が引けるような状況を作っていかないと終わりが見えません。理想を言えば、プラス何か花道を作ってあげられたらなおいい。分裂は教訓を残していますから。

逆に、それができないと、いくら話し合っても難しいと思うんですよね。出て行った人たちから、そっとしておいてください、一本[18]でやっていくんで邪魔せんとってくださいと言われて、はいはいと言うことはないんでね。

沖田　でも、ヤクザを辞めた人で寂しい思いをしてない人って、上に行けば行くほど少ないですよね。それがヤクザの世界だ、と言えばそれまでですが……。

山之内　だから、この業界は辞めるのが本当に難しい。それは、山口組の分裂を終わらせるのが難しいということでもあるわけです。

○神戸山口組とはいかなる組織か

山之内　山口組を出ていくってことはもの凄くリスクが大きい。それは歴史が証明していることですからね。「納得ができない」、「付いていけない」、「嫌だから出ていく」というのはきわめて危険。だから、「なぜ?」と信じられなかった。

沖田　神戸山口組が誕生することは事前に知っていたんですか?

山之内　いやいや、顧問弁護士と言っても組事にはかかわらないのでね。全く知らなかったですよ。分裂が決定的になった15年の8月27日に、知り合いの実話誌の記者から電話で「山口組が分裂したみたいだ」と聞いて、あとは報道で知りました。

神戸山口組を作った最高幹部たちは、顧問弁護士として一緒に仕事をした人ばかりだったから、なおさら「なんで？」という思いは強かったです。特に、入江さん（神戸山口組・入江禎副組長・二代目宅見組組長）がまさかって思いましたね。高山さんと歩調を合わせて厳しい規律を組織内に構築させた1人ですからね。むしろ、それゆえに神戸に行く決心をしたんかなと思ったりもしましたけどね。つまり、規律を厳しくさせた罪ほろぼしと言うのか。

沖田　分裂後、入江副組長が神戸山口組に加入した意外性をみんなが一番に口にしていた気がします。山健組[19]と一緒に宅見組[20]が立ち上がったって……。でも、私はそこまで驚きはなかったんですよ。遠目で私なんかが見とっても、井上組長と入江副組長が六代目山口組時代に仲良く話していましたから。分裂の1年半くらい前ですかね。

入江副組長が神戸山口組への加入を決めたのは、やっぱり極道としての意地やプライド、面子なんじゃないですかね。このままじゃあかんって思いが、筋金入りの極道と言われる寺岡若頭らにもあったんやないでしょうか。

山之内　このままじゃいかんというのは、六代目体制のやり方にですか？　確かに非常に強烈な組織運営でした。お金の徴収もそうですけども、人事面においても直系組長をポンポンとクビを切っていきましたからね。後藤さん[21]（元六代目山口組舎弟である後藤組・後藤忠政組長）を処分するというのは考えられんことですよ。とにかく一つひとつがインパクトがありました。ただ、それもこれも厳しい時代を乗り切るため、組織を若返らせ権力を集中させるためであって、それは直参たちも理解できていたと思うんです。

そう考えていくと、私は神戸へと出た直接的な理由は、一緒に六代目体制を立ち上げた人たちをお役目御免にして舎弟に直した[22]。あれが大きかったんじゃないかと思うんですよ。あれをきっかけに気持ちが離れていったんではないかと。

沖田　それはあるかもしれませんね。現在、神戸で最高顧問をやられてる池田組長って、六代目山口組の執行部時代、率先して現場を仕切られていたんですね。五代目親分の通夜にしても、四代目親分のお墓参りにしても、執行部の代表で池田最高顧問が来られた時は、テキパキと指示されてました。それが舎弟に直ったた際の定例会の挨拶の時にですね。もの凄くやる気なく喋られていたように感じたんです。

山之内　あの時（２０１３年10月）の定例会に出席されていたんですか？

沖田　親分（中村天地朗組長）が逮捕されて、私が定例会に代理で出席していたんです。定例会では執行部の親分集はコの字型のテーブルに座られてるんです。代理を含めて全直参がそろうと、六代目親分が入室されて、真正面の中央に座られる。舎弟の親分衆は横一列に並べられた座布団に座って、幹部、若中の親分衆の順に着座するわけです。

つまり、執行部を外れた途端に、コの字型のテーブルから外れるわけなんですよ。病気やなんらかの理由があれば別なんでしょうけど、当時の池田最高顧問は不本意だったのではないかと。私なんか代理なんで、最後尾の末席から池田さんの挨拶を聞いてたんですけど、現場でテキパキと指示を出している姿とは全く違うと感じましたね。

山之内　確か、同じ定例会で入江さんは総本部長から舎弟頭に就任したんじゃなかったですか？

沖田　そうです。その時の入江副組長は、もの凄くサバサバされてたように見えました。挨拶も抜群に上手でしたしね。定例会の始まる直前に、先に舎弟に直られていた寺岡若頭に、「兄弟が代わってこっちに座ってや」って冗談を言われ、寺岡若頭も笑顔で首を振られていたんです。上の人らのそういうちょっとした仕草や会話で分かることがあるんです。関係性というと大袈裟かもしれませんが、少なくとも誰と誰が仲が良いやなってぐらいは分かるわけです。

ちょうどその頃に、井上組長と対面して、初めて話をさせていただいたんです。その定例会の前に二代目親分（山口登二代目）の祥月命日があって、墓参に親分に代わって、私が行かせてもらった。大平組は阪神ブロック[23]に所属していて、そのブロック長が井上組長でしたから、それまでに何度かお電話で親分の逮捕の報告などで話はさせてもらっていたんですが、その時が直接、話させてもらった最初の時でした。逮捕されている親分の状況を井上組長に説明していると、後ろで手を組んだ入江副組長がふらっという感じで、近づいてこられて、「天地朗さんはどないや」と声をかけてくださったんです。その時の井上組長と入江副組長のやりとりを聞いていても、仲良さそうに見えましたね。

そういった印象がずっとありましたから、神戸山口組の親分衆のメンバー、山健組と宅見組、そして寺岡若頭の俠友会、それに池田組と聞いた時も六代目山口組を割って出たことには驚きでしたが、立ち上がった親分衆のメンバーについての驚きはそこまでではなかったです。

○任俠山口組とメディア戦略

山之内　そうでしたか。では、任俠山口組の結成では驚かなかったですか。

沖田　前触れというのか、任俠山口組結成の数カ月前から神戸山口組が割れるという情報は入ってきてました。半信半疑という面もありましたが、神戸山口組ができたことを思えば、再び分裂が起きてもおかしくはないとは思っていました。ただ、記者会見を開くことは予想していませんでしたけど。あの記者会見[24]を先生はどう感じてます？

山之内　存在感を示すため。あるいは存在感を確立するためにメディアを使うというのは間違いですよ。存在感を確立していくには、ヤクザは暴力しかないんですよ。

ちょっとでも、他からちょっかいをかけられたら、すぐに牙を剥くとかね。暴力で立ち向かっていくことでしかヤクザ組織の存在感というのは示せないと思うんです。その点、神戸山口組も同じですけどね。どっちか言うたら、メディアで存在感を確立しようとする考えは間違ってますわ。マスコミがいくら騒いでくれてもね。それで一本としてやっていけるだけの根が生えてくれるかって、そんなことはあり得ない。しっかりと所在地に根を生やすのは暴力しかない。力しかないんですよ。

沖田　それがヤクザのそもそもの存在価値ですよね。暴力とはイコール強さであって、その強さがなければ義理や人情もついてこない。ましてや任侠道だって強さがあってのものだと思います。ヤクザから暴力を取ってしまったら、何が残るってなってきますもんね。

山之内　そうそう。ヤクザから暴力をなくしたら、ただの詐欺師ですよ。口先ばかりで生きていくことになるんですからね。神戸山口組も任侠山口組も、なんで山菱の代紋を外そうとしないかというと、結局は山口組の代紋が血塗られた代紋だからなんですよ。そう言うと、おどろおどろしいかもしれませんが、長い歴史の中で山口組は数多くの抗争に勝ってきた。そこで、大きな犠牲を払っているわけです。流れた血だけでなく、懲役に行った組員の汗、そして残された家族たちが流した涙まですすったことで、山口組という組織は根を生やしたわけです。その象徴が代紋であって、山菱の代紋を見れば、誰だって恐怖を覚える。言い換えれば、ヤクザ社会の中で、それだけの権威があるんです。ですから一本で根を生やしたければ、力を示すしかないんですよ。何をされても暴力で応えるしかない。

そうすれば、業界中が認めていきますわ。力を示すことで、「あそこにはちょっかいをかけられへん」、「下手にちょっかいかけたら火傷するぞ」となって、他組織も認めていきますよ。

でも、今は暴力を行使することができないじゃないですか。それは、一本で根を生やすことができないってことにつながる。だからと言って、マスコミに頼って、騒いでもらって、それで根を生やそうというのは無理ですって。

沖田　あくまで戦略としては、今の時代、マスメディアを使うのも一つの方法ではないかと思うんですよ。通達事項にしても、ワザと報道関係に流すみたいなケースもあります。そういう点では、神戸山口組の発足当初は抜群に良かったと思うんです。マスメディアが神戸山口組サイドに脚光を浴びせ、それが世論となって、神戸山口組を後押しするかのようになりましたからね。例えば、知り合いが神戸市内でタクシーに乗った時に、運転手が「田岡さんは神戸を作った親分さんですよ。山口組は神戸のもので、名古屋のものじゃない」と、雑談中に話したそうです。発足当初に総本部が名古屋に移るなんて新聞にまで載ったからしいんですが、こんな状況だと組員も張り切りますよね。

　でも、持久戦になれば、どうしても綻びが出てきてしまう。何年もデモンストレーションをやったり、ダンプ特攻を繰り返したりしてられませんからね。実際に、時間が経てば経つほど、衝突も収まってきた。そうした冷戦状態には、出た側に次の一手を求められるわけなんですが、そこで起きたのが、まさかの織田代表らの離脱でした。[25]一和会の会見以来なんて言われてましたが、あの記者会見をやるべきであったかというと、戦略としては間違ったのではないかと感じました。手の内を相手方に見せない方が不気味じゃないですか。

山之内　認めてもらうための手段としてメディアを使っているわけですけど、認めてもらった上で、任侠山口組という代紋の力をとにかくつけていこうということなんでしょうが……。

沖田　離脱した理由を世間に理解してもらっても、仕方ないですよね？

山之内　仕方ないですよ。そもそも神戸山口組の人たちが出ていった時と同じような理由ですもんね。言い分を上が全然きかない、お金の取り方がえぐい、出身母体ばかり贔屓してとか。それで新しい組織を作って、物心ともに非常に満足できるものならば人は残るでしょうけども、段々そこに疑問を持つようになってくると、組員は考えてしまいますもんね。少なくとも組のために命を賭けるとか、人生を賭けるという意欲はなくなっていくと思うんですよね。組のためにと考える組員たちがいないと、ヤクザ組織は大地に根を生やしていかないです。

沖田　結局は暴対法[26]や暴排条例[27]、刑法改正など各種法令がヤクザの暴力を封じ込めてしまったことが大きいですね。力だけで攻め込めば、警察当局に潰されてしまいますから、暴力だけで相手を支配することができない。先ほど、分裂の一因に法の厳罰化があると指摘しましたけど、神戸山口組や任侠山口組が取ったメディア戦略の背景にも法の厳罰化があるのではないでしょうか。

山之内　一番は暴排条例でしょうね。これは一般人がヤクザと付き合ってはいけないというものですが、これでシノギが狭くなってしまった。一般人がヤクザに仕事を発注しなくなった。土木、建築、あらゆる分野で。シノギがない苦しい状況だから、金銭面で耐えられなくなった可能性はありますね。要するにヤクザ全体が食えなくなっているのに、きつい金銭の徴収はとてもついていけないということ。また、当局の監視の目が厳しくなれば、組織はそれだけ組員に規律を求めますから、窮屈でやっていけないという思いもあったのではないかと思うんです。そういう点で、任侠山口組は緩いと思いますね。会費も安いし、規律という面でも自由が多いのでは。

沖田　それでも抜けてしまってますもんね。

山之内　やっぱり物足りないんでしょう。つまり、組員が物心ともに満足できていないんですよ。

沖田　任侠山口組から六代目山口組へ移籍した人たちを見れば、そう感じざるを得ませんね。例えば、任侠山口組では直参で、しかも最高幹部だったのに、六代目山口組側に戻ったら、二次団体や三次団体に所属することになると分かってても移籍していますからね。もちろん、同じプラチナでも重みが違うのかもしれませんが……。

山之内　重みはそりゃ違いますよ。歴史も違いますからね。六代目山口組側へと戻った人たちは、いざ本格抗争になった時に助けに来てくれるのか、そういう面で不安になったのと違いますかね。

沖田　六代目山口組側が切り崩しを急ぎ、復帰を促していたとはいえ、移籍する傘下組員がこれだけいるとなると、批判の的となっていた「名古屋方式」[28]というのはなんだったのか？　そんな疑問も出てくると思うんです。私自身、現役時代に六代目体制になって、傘下組員として、いろいろと変化があったことは経験しているわけですが、直参の親分にとっては、そんなにきついものでしたか。

山之内　よく恐怖政治なんて例えられますが、直参にとってみると、執行部に対して物を言わせないという雰囲気はあったと思います。特に、五代目体制からの直参は違和感を覚えたのかもしれませんね。

沖田　五代目時代の上層部というのは、そんなに違いましたか？

山之内　髙山さんのような人事面で剛腕を振るう人はいませんでしたからね。とはいえ、髙山さんとしては、六代目親分の留守を預かる[29]という立場なので、強権発動せねばならんかったという面はあると思います。

それ以上に、五代目体制の頃はみんな金があったというところが大きな違いかもしれませんね。五代目体制ができた頃いうのは、バブルのお金がまだあった豊かな時代ですからね。無理して命令せんでもケンカが起きればすぐに手助けに行くし、絶対に助けてもらえるし、ありがとうってみんなお金渡したりしてたわけですから。組をあげての抗争がまだできる時代でもあったしね。そういう時代背景が一番、違っていたのでは。

（注）

①六代目山口組の分裂＝２０１５年８月、六代目山口組から一部の最高幹部らが離脱し、新組織として「神戸山口組」を結成。若頭補佐だった四代目山健組・井上邦雄組長がトップとなった。さらに２０１７年４月には神戸山口組からも一部の最高幹部らが「任侠団体山口組（後に任侠山口組に改称）」を結成。神戸山口組の織田絆誠若頭代行が代表に就任。山口組の名を持つ組織が三つに分かれ、いずれも指定暴力団となっている。

②カタギになる＝ヤクザを辞めて一般人に戻ること。

③代紋＝ヤクザ組織が代々受け継いでいる紋章。山口組は「山口」の文字を形取った菱型の紋章を使用している。ヤクザの間では「山菱」と呼ばれる。

④当番＝事務所当番のこと。ほとんどのヤクザは所属する組織の本部に輪番で詰める。

⑤治安維持隊や国防隊＝結成当初にあった任侠山口組の役職。織田絆誠代表は、ノンフィクション作家・溝口敦氏の取材に対し、治安維持隊や国防隊などの設立目的について、不良外国人や半グレなどの独自な取り締まりや、海外の民間軍事会社と契約して邦人警護を行い、「反社会的集団」のレッテルを外したいと語っている。

⑥シノギ＝ヤクザが行う経済活動のこと。ヤクザは基本的に毎月、所属する組織に「会費」を支払う。そのため、何らかの形でシノギを得なければならない。

⑦髙山清司若頭が出所＝直系組織の恐喝事件で共謀共同正犯に問われ、２０１４年６月に収監された。この収監を機に分裂が起きたとも言われ、２０１９年秋の出所が注目されている。

⑧枝の組員＝山口組傘下組織の組員を指す。ヤクザ組織の階層構造を一本の木になぞらえている。

⑨渡辺芳則五代目＝１９８２年に、二代目山健組組長に就任し、三代目山口組の直参に昇格。四代目山口組では若頭補佐に抜擢され、後に若頭に就任。１９８９年に五代目山口組組長となる。２００５年に引退し、六代目山口組を司忍組長が継承した。

⑩山口組会館＝神戸市北区内にある某斎場の通称。今も歴代組長の年忌法要や最高幹部の葬儀に使用されている。

⑪二代目大平組・中村天地朗組長＝１９８６年に初代大平組・大平一雄組長が死去し、その跡目を継承して山口組直参となる。六代目体制下の２０１４年に引退。

⑫岸本才三さん＝初代岸本組組長。戦後、神戸市役所職員から山口組中山組に加わった。三代目山口組で直参となり、田岡家からの信任が厚かったことで知られる。四代目体制で本部長に就任。五代目体制で総本部長となり、六代目体制でも最高顧問として執行部の一角を担っていた。２００７年に引退。

⑬滝沢孝さん＝芳菱会総長。四代目体制発足時に国領屋下垂一家総長として山口組直参になる。五代目体制下で若頭補佐に昇格。組織名を芳菱会と改称。六代目体制では舎弟盃を受けたが、若頭補佐として執行部の一員となった。その後に顧問となり、２００８年に引退。

⑭プラチナの直系組長＝山口組トップから盃をおろされた舎弟や若中は、それぞれが各地で自身の組織を率いている。それゆえ直系組長と呼ばれ、襟元につける代紋のバッジがプラチナ製であることか

ら「プラチナの組長」と呼ばれることも。「直参」も同義となる。

⑮執行部の親分衆＝山口組の組織運営を行う最高幹部たち。現在の六代目山口組では若頭、舎弟頭、統括委員長、本部長、若頭補佐の役職に付く直参で構成されており、組織の人事や慶弔事などを合議で決定し、組長の承認を得て、実行に移す。

⑯盃が崩壊＝ヤクザは擬似血縁制度で団結しており、組長を親分とする親子盃や、組長を兄とする兄舎弟盃などの盃儀式を執り行う。盃を交わせば、上位者のいうことは絶対的なものとなる。今回の分裂は盃を受けた者が盃を返して離脱する、逆盃というヤクザ最大のタブーを犯したとされる。だが、神戸山口組は盃を超える「大義」を掲げ、勢力を維持し続けた。そのため、盃というルールの重みを崩壊させたとも言われている。

⑰時の氏神＝この場合は抗争を仲裁する他組織の親分を指す。山一抗争では、稲川会や会津小鉄会が仲裁に入ることで、抗争終結が前進した。

⑱一本でやっていく＝巨大組織に所属せず、独立組織としてやっていくこと。一本独鈷とも言う。

⑲山健組＝神戸山口組の中核組織で、現在は神戸山口組・中田浩司若頭代行が五代目組長として率いる。神戸山口組結成当初は、井上邦雄組長が四代目として組長を兼任していた。もともとは、三代目山口組・田岡一雄組長に仕え、「日本一の子分」と呼ばれた山本健一若頭が設立した組織。一時期は「山健組にあらずんば山口組にあらず」と言われたほど。

⑳宅見組＝五代目山口組の宅見勝若頭が結成した組織。二代目となる入江禎組長は六代目山口組で総本部長、舎弟頭と主要なポストを歴任してきた。

㉑後藤さんを処分する＝2008年に後藤組を率いた直参の後藤忠政組長が六代目山口組から除籍処分を受け、引退した。この処分が重すぎると、他の直参13人が連名で抗議する怪文書が出回るなど波紋を呼んだ。クーデター前夜だったとも言われ、後に複数の直参らにも絶縁、除籍、謹慎などの処分が下された。

㉒舎弟に直した＝それまで組長の子分だった直参が弟分になること。若中（子分）よりも舎弟（弟分）の方が、組織内では上位となるが、組織運営にタッチはしなくなる。それゆえ、執行部から舎弟に直ると。名誉職に就いたように捉えられる。神戸山口組の首脳陣で井上組長以外は全員が分裂以前に舎弟に直っている。

㉓阪神ブロック＝山口組では五代目体制から全国を複数のブロックに分けて統治するシステムがとられている。分裂以前は兵庫県内の直参たちが「阪神ブロック」に所属していた。そのブロックの責任者を「ブロック長」と呼び、執行部の親分がその任に就いていた。

㉔記者会見＝任侠山口組は2017年4月の結成時に第一回目の記者会見を行い、神戸山口組の実態が六代目山口組の「名古屋方式にも劣る悪政」と述べた。同年8月には第二回目の記者会見を開き、神戸山口組の井上組長らを痛烈に批判した。

㉕一和会の会見＝1984年、山口組・竹中正久四代目の襲名に反対する勢力が一和会を結成。その結成時に記者会見を開いた。その後、一和会は山口組との「山一抗争」に敗れて、1989年に解散している。

㉖暴対法＝暴力団対策法の略称で、正式名称は「暴力団員による不当な行為の防止等に関する法律」。暴力団だけを規制する法律。改正されるたびに、ヤクザの取り締まりが強化されている。

㉗暴排条例＝暴力団排除条例の略称。２０１１年までに全都道府県で施行された。一般人や企業が暴力団に経済的利益を与えることを禁じている。罰則の中には罰金刑だけでなく懲役刑もあるため、社会がヤクザを排除する傾向はより強まった。

㉘名古屋方式＝山口組分裂の背景にはおもに「金」と「人事」の不満があったと言われる。直参らは高額な上納金だけでなく、毎月必要な水や日用雑貨などの購入も迫られたという。また、人事においても、司忍組長と高山清司若頭の出身母体である弘道会を重視し、反抗的な勢力は処分したり要職から外したりしていたと言われる。このような管理強化型の運営を、弘道会の本拠地である名古屋を取って、名古屋方式と呼んで批判している。

㉙六代目親分の留守を預かる＝六代目体制発足時、司忍組長は銃刀法違反の共謀共同正犯に問われ、上告中だった。そのため、六代目襲名直後の２００５年12月に収監された。その不在時の組織運営の中枢を担ったのが高山若頭だった。

第二章　忘れ得ぬ親分たち

○ヤクザがヤクザらしかった時代

沖田　せっかくなので私が知らない頃の山口組の親分衆、つまり昔の組長たちのことをお聞きしたいのですがかまいませんか。やはりお聞きしたいのは、多くの書籍にもなっている四代目の竹中正久親分[1]についてです。

山之内　竹中さんは何事にも簡単には動揺しない人でしたね。確固たる信念があるからなんでしょうけど。社会的には愛想もクソもない人でね、四代目就任の挨拶に稲川会に行った時も「ウチはいつでもケンカするで」なんて場をわきまえない無粋なことを言ったりする。

沖田　警察も刑務所も全く怖がってなかったですか？

山之内　ないですね。取り調べでも調書を一枚も巻かせませんしね。

沖田　もし今の時代に竹中の親分がおられたとしても、法律を恐れずにヤクザを取り巻く厳しい環境にも立ち向かわれていったと思われますか？

山之内　生き様としては怖がらんと行くでしょうね。正さん、武さんという弟さん[2]たちも含めて竹中兄弟というのは、自分の信念を貫き通すでしょうね。

沖田　私が読んできた評伝どおりの親分だったんですね。先生は宅見の親分[3]（五代目山口組若頭・初代宅見組組長）と昵懇だったとお聞きしましたが、宅見の初代親分もやはり相当な方でしたか？

山之内　そりゃもう頭も切れますしね、カタギの考えもよく分かる人でした。宅見さんが活躍された頃は、地上げの全盛期でしてね。たくさんの地上げをやってる業者を抱えて……。ぼくは一切、お金には近寄りませんでしたよ（笑）。でも、相当な額の金を持っていたと思いますよ。

沖田　その当時のヤクザの親分衆の羽振りも良くて、今とは全く違うんでしょう？

山之内　それは勢いがありましたね。お金もあったし、存在感も大きかったですから。バブルの時代は、ヤクザもバブルのように膨張してた時代です。みんな、とんでもない金を使ってましたもん、飲みに行っても遊びに行ってもね。

沖田　私もそんな時代にヤクザをやってみたかった（笑）。私の現役の時代はバブルの名残もなく、みんな金に苦しんでましたからね。親分衆らも「長年、ヤクザをやってきたが、こんな不況は初めてだ」って、10年も前には口々に言われてましたからね。でも、先生が山口組とかかわりも持つようになられるのは、小田秀の親分（三代目山口組直参　小田秀組・小田秀臣組長）からなんですよね？

山之内　そうなんです。最初は鶴橋の親分のところからです。小田秀さんの弁護をやってましたからね。あの人は辞めた時が寂しかったですね。若い衆が「マルの代紋（一和会の代紋）なんかに付いていかれん」言うてね。みんなそっぽを向いて出ていってしまった。鶴橋に事務所と本宅があったんですけどね、あの人は金融をやってたんです。ヤクザ相手の金融を自分でね。だから辞めたら誰も返さないですよ。全部こげついてしまった。

沖田　その後、小田秀組から4人の幹部が直参へと昇格したじゃないですか。そのうちの1人に昨年、アマチュアボクシング協会の騒動で名前があがった④森田昌夫組長がいるわけですけど……。

山之内　小田秀組で本部長をやってた森田さんですよね。鶴橋の親分は「ガキの頃、森田と2人で鶴橋のガード下で恐喝して暮らしてました」なんて言ってましたね。

沖田　そんな歴史があったんですね。私も小田秀組から直参になった方にお会いしたことがあるんです。[5]山田組の山田輝雄組長って、いらっしゃったでしょう。伊丹に家があったんですが、山田組長の言葉で印象に残っていることがあるんです。それは山田組長が引退されたあとなんですが、総本部で「山口組OB会」という催しが行われたんです。それに山田組長も招待されて、私の親分と一緒に自宅まで迎えに行くことになったんですね。その車中で、山田組長が今は全て奥さんが何から何までやってくれて助かるという話や、プリウスを買って燃費が凄く良いという話なんかをウチの親分にされてたんです。もうお亡くなりになりましたけど。

その話の中で引退した岸本才三組長（初代岸本組組長）から電話があって、「もうこの電話で最後にしよう。引退したもん同士が仲良く電話のやりとりなんかしてたら、勘ぐられるかもしれん」と言われたというんです。私はそれを聞いて、そんな偉大な親分衆まで様々と気を使われてるんだと知ったんです。

山之内　そうだったんですか。勘ぐるって、まあ六代目体制が強烈だった証拠でもありますが、現役の人たちの迷惑にならんようにということだったんでしょうね。

その点、小田秀さんは引退後も騒がしかったなぁ。先ほど、金融をやっていたという話をしたでしょう。その時の貸付金を返してもらいたいと言うんで、「先生どないしよう。裁判起こそうか」と言われたんです。それで、ぼくが止めたことあるんです。

沖田　ヤクザ相手の金貸しだったら、当然高金利ですよね？

山之内　当然、高金利。法外な金利で貸したことの責任さえ問われかねない上に、たとえマトモな金利で請求したとしても、回収先は全てヤクザですからね。裁判所が強制執行できるとも思えないし、「もう、やめませんか」って頼みましたよ。

ただ、小田秀さんという親分は、見栄と張りで生きているヤクザらしい人でした。本部長（三代目山口組本部長）やってた時なんか、身なりもパリっとしてね。信賞必罰の精神に富んだ人でね、声も大きいし、相手を唸らせることに非常に向いてる人でしたけどね。それで小田秀さんは加茂田さんなんかも仲が良いんですよ。

沖田　一和会で副会長兼理事長を務めた加茂田組の加茂田重政組長ですね。

山之内　そう。「ワシも加茂田も買いもんが大好きでんねん」とか言うてて、ロイヤルホテルでよく買いもんしてましたわ。私もよく食事でロイヤルホテルに連れていってもらいました。とにかくメリハリが効いた親分でしたね。

さっきも話した通り、小田秀さんは、最後が辛かった。あれだけの名前を馳せた大親分なんだけれども、若い衆は誰も付いてこなかった。親分より代紋の方を取っちゃった。要するに任侠道よりも、生活できる道を選んでしまったわけですよ。

沖田　それでも小田秀組と言えば、大所帯やったわけじゃないですか。いくら子分が山口組に残って、小田秀の親分が引退することになったとはいえ、何人かの組員は、親分に付いてお世話をしていたんじゃないんですか。そういうことも全くなかったんですか？

山之内　私は最後まで一緒におったけど、そういう組員は見たことなかったですね。本当に最後は1人になってしまった。親分が偉いんか、代紋が偉いんか、突き詰めて考えたら、親分の代わりはおっても、山口組の代わりはないとなったんでしょうな。

沖田　やっぱり時代やったと思うんです。私らがヤクザやってた時代は代紋だけじゃメシが食えませんでしたから。代紋を磨いて出世すればするだけ、振り向いてくれるのは警察だけでした(笑)。代紋でメシを食えるどころか、肩身が狭くなっていくんですからね。それだけに、私は代紋よりも親分でした。

山之内 ところで、中村の親分さんはお元気でやられてるんですか?

沖田 元気にされてます。中村の親分は、とにかく躾といった面では厳しかった。ヤクザとしてという前に、人としてどうあるべきかということを徹底されていて、その分、自分自身にも、もの凄くストイックなんです。私らが仕えさせていただいた頃は、呑みにも出かけられませんでしたし、平日は毎日、本家へと行き、帰ってくれば仏壇に手を合わせられ、その後は筋トレですよ。毎日、それの繰り返しです。全く着飾らないし、政治的なことを一切しなかった。側で見ていて、サムライのような人でしたね。

私なんて若い頃、むちゃくちゃでしたから、親分には毎日のように叱られてました。でも、そういう親分の自分に厳しい姿を見てますからね。説得力があります。そんな厳しい親分も、私が（大平組の）執行部入りしたあたりから、「あいつに任せとけば大丈夫や」と言われ、ほとんど叱られることがなくなったんです。一つひとつ説明なんてないんですけど、人間味があるというのか、綺麗事ではない情があるんですよ。それは、どんなに苦しくても食えなくても、この人が引退するまでは、石に齧りついてでも付いていこうって思いますよね。だから、親分が引退することが決まった時に、合わせて足を洗わせてもらいました。カタギになってからも様々な人と会いましたが、親分に仕えさせていただいたおかげで、誰を見ても気後れと言うか、驚くようなことはなかったですね。それだけ、私にとって中村の親分は偉大だったんです。

山之内　それでなんでしょうな。沖田さんを見ていても普通だもの。刑務所を十何年も行ってた人に見えない。中村の親分の教育なんでしょうな。

沖田　刑務所の中ではめちゃくちゃなんですが、外面が上手くなったんです（笑）ちなみに、先生はボンノ[6]の親分（菅谷組・菅谷政雄組長）とは親しくはなかったんですか？

山之内　噂ばっかりで親しくはなかったですね。渡辺五代目は若い頃、菅谷さんと親しかったらしく、山健さん（初代山健組・山本健一組長）の墓参りに行く時は、菅谷さんのところも参ってたらしいです。

沖田　初代の山健の親分とボンノの親分のお墓は同じ霊園にありますもんね。中村の親分も山健の親分の祥月命日には、線香をあげに花隈（山健組本部）へと行かれ、お墓参りにも行かれてたのですが、その際、同じようにボンノの親分のお墓にも参られてました。先生の著作にも渡辺の親分とボンノの親分のエピソードを書かれていましたね。

山之内　はい、書きました。でも渡辺さんと菅谷さんが親しいのを、山健さんが気に入らんわけですわな。本当に、菅谷さんという人はいろいろな意味で山口組に大きな足跡を残した人だと思いますけど、評価については分かれるところもあるんですね。
例えば、岸本さんは「金を覚えてしまった人」という評価でしたね。山健さんも菅谷さんのことを「哀れ」って言い方をしていたそうで、要するに金だけになってしまった男やっていうことですね。それで、渡辺さんが親しくするのはおもしろくないわけですよ。

沖田　本当に人間模様を間近に見てきたんですね。先生は小田秀の親分と知り合ったことで、宅見さんと知己を得て、山口組の顧問弁護士になられるんですか？

山之内　それは違うんです。顧問弁護士になったのは、確かに宅見さんの誘いがあってのこと、四代目山口組からなんです。でも、宅見さんを知ったのは、小田秀さんは関係がなくて、小田秀さんとこの仕事しとって、ヤクザというものがなんとなく分かってきて、そんな時に別の形で宅見さんと知り合ったんです。山一で分裂する直前は小田秀さんは山広派の参謀、宅見さんは竹中派の中心人物です。奇遇にもこの敵対する2人を同時に知っていたわけです。小田秀さんは「宅見君は伸びるよ」と認めていたのに、宅見さんは小田秀さんを評価していない。竹中さんの四代目就任を発表する直前、小田秀さんが宅見さんに会いたいと申し出ているんです。発表を延ばしてほしかったんです。自分の組内を交通整理するためにね。

ところが、宅見さんは山口組の大幹部だった小田秀さんの申し入れをソデにしましたね。それどころか、こんなことがありました。四代目誕生後、どこにも所属せず1人になった小田秀さんが、月刊現代に「山口組組員に告ぐ」という、飯干晃一さんをインタビュアーとする記事を載せたんです。

そしたら宅見さんが私に言うわけですよ。「身を引いたもんが余計なことをするなと伝えてください。菱に戻っとる若衆が肩身の狭い思いするやろ」言うてね。いやぁ困りましたね。それでも私、小田秀さんに誰とは言わずに言うたんです。そしたら小田秀さん、怒った、怒った。「どのガキがぬかしとるんですか。この小田秀臣の目の前に来てぬかさんかいコラ」。小便ちびりました。でもまだあの頃は、宅見さんはそこまで偉い人やなかった。あんなに偉い人になるなんて、知り合った頃は夢にも思ってないですよ。

沖田　それが、五代目山口組若頭になられたんですからね。宅見組と言えば、山口組の中にあって、今でも名ブランドですよ。偉くなられてからも、宅見さんが先生に接する態度は全く変わりませんでしたか？

山之内　それは変わりませんよ。私はカタギですから、カタギに対する接し方をしてくれて、本当に最後まで非常に大切にしてくれました。

沖田　反面、先生は中野会・中野太郎会長[7]とはお付き合いがあったんですか？

山之内　ほとんどありませんね。顧問弁護士の仕事上、直参が山口組を離れる時に山口組が関連している二つの会社の関係で、私が事務処理をするんですが、その時ぐらいですかね。ちゃんと喋ったのは。

沖田　つまり、中野会長が絶縁になった時ということですよね？

山之内　そうです。確か、入院されてたんで病院に行って、会ったんですけどね。納得はしてなかったですな。ずっとぶつぶつ言ってました。それを、ぼくがまあまあってなだめてね。それで、事務処理を終えたいう感じでしたね。

沖田　その点で言うと、後藤組・後藤忠政組長はどうだったんですか？　やはり納得いかれてませんでしたか？

山之内　いや、実にサバサバしてましたね。「先生、これでスッキリしたわ」って。本当は六代目体制作りでは、後藤さんはもの凄く尽力されているんですよ。だから、その後藤さんを切るなんて考えにくいんだけれども、私がどうこう言うことではないですからね。髙山さんからすれば、自分中心の勝手なことをするっていうことなんでしょうけどね。

沖田　あの時に山口組が分裂してもおかしくなかったですもんね。ただ、神戸山口組が立ち上がった時とは違い、いきなりの処分なだけに下準備が何もできてない状態だったと思うんです。それに、後藤の親分も身を引かれることで、分裂を回避されたんでしょうね。

山之内　髙山さんもそこまで見越しての除籍処分だったのかもしれませんね。私としては、いろいろ考えるところはありました。岸本さんは当時、髙山さんを若頭に据えるのは反対やったんですよ。司さんの出身母体から若頭を出すのには気にされたんでしょうけど、そうも言ってられる状況やなかった。自身の懲役が迫ってたんでね。懲役に行くことを考えたら確実に安心していける人間というふうになり、髙山さんが選ばれたんだと思いますね。

沖田　ある組長から当時こんなことを言われたんです。なんで司の親分は髙山のカシラを若頭にしたか分かるかって。それは司の親分に忠誠心が一番強いのが髙山のカシラやからやってね。そう言う組長自体、野心家で言うこととやることが一致しない人でしたけど、それだけは説得力がありましたね。

本当に自分なんかには想像もできない世界なんですけど、山口組の頭領ともなると、シビアに何事も判断しなければならんのでしょうね。

◯山一抗争が起きた原因

山之内　そうですね。ただ、山口組の頭領としては、常に念頭に置かなくてはならないのは、代紋の権威を落とさず、守っていくというものだと、ぼくは思うんですね。代紋を磨いて、磨いて、磨き上げて、みんながええ飯を食えるように。それが何より肝心なんではないでしょうか。

沖田　今の時代で代紋を磨くというのは、実際、本当に難しいと思うんですよ。結局、代紋を磨くということは、男を通すということじゃないですか。男を通せば、警察が必ず黙ってませんからね。ですから、先生のお話をお聞きしてると、ヤクザがヤクザらしい時代の中で、どれだけ輝いていたかと言うことが良く分かるんです。
だから、もう少し聞かせてもらっていいですか。小田秀さんや宅見さん以外に親しくされていた親分は、誰になります？

山之内　ぼくはどうしても、宅見さんの人脈に繋がってるんですね。岸本さん、織田譲二さん（初代織田組組長）、野上さん（二代目吉川組・野上哲男組長）。そういう方たちと、どうしても親しくなりましたね。

沖田　何かで読んだのですが、織田譲二さんという親分は、もの凄く頭が良く、毎朝、英語の新聞を読まれてたと書いてあったんですが？

山之内　ないないないない（笑）。それは、あとから都市伝説のようになってしまっただけで、実際は英字新聞なんて読んでませんよ。並べた単語を読めたくらいでね（笑）。ただ経済については長けていた。総会屋をやってたくらいですからね。それも企業に入り込んで、攻め込む側ではなく、企業を攻め込んでくる総会屋を撃退する方のね。
そのぐらい企業に信用されていたんでしょうね。本当に織田さんは紳士でしたから。海外で竹中正さんらと一緒に拘束された状態においても、とにかく紳士然としていました。喋り方も穏やかですしね。暴力団には見えなかったですね。

沖田　あの親分はハワイ事件[8]の直後に亡くなられたんですよね。

山之内　そうです。ハワイ事件が終わって、数カ月後でした。驚きました。最後まで私にとっては紳士でしたね。でも宅見さんに言わしたら、「先生なに言うてますの。若い頃はめちゃくちゃでしてんで。もう行き倒しのやり倒しでしたんやったんやから（笑）」って、冗談交じり言われてましたが、ぼくには全くそんな感じには思えなかった。

沖田　その織田の親分と岸本の親分は、三代目田岡親分のフミ子姐さんからの信頼も厚く、田岡家へも出入りできていたと聞いたことがあるのですが……。

山之内　そうです。だから、宅見さんとしては、四代目体制を作るにあたって、フミ子姐さんに近い譲二さん、岸本さんの2人を取り込んでしまう必要があったわけです。フミ子姐さんから跡目を言わせるという戦略だったわけですからね。

沖田　それくらい田岡親分の姐さんというのは、影響力があったということですね。

山之内　本来なら、姐さんが代紋を持ってるというのは、おかしいんですけどね。親分が亡くなったら、代紋というのは組員たちの共有財産みたいなもんですよ。それでも、宅見さんにしたら、山広さん（山広組・山本広組長。後の一和会会長）を四代目にするわけにはいかんかった。

宅見さんというのは、山健さんの推挙で直参になった親分です。それを恩義に感じていて、いわば山健さんの子みたいなものですわ。その山健さんは山広さんのことを嫌っていたのは有名な話です。それは、若頭を入れ札で決めた時に、山広さんに決まったものをひっくり返したことからも分かるでしょう。だから「絶対に山広を四代目にはつけさせん」となっておったんです。この機会に、根性の据わった人間を何がなんでも四代目に持ってくるべきだと考えての戦略として、姐さんに跡目を言ってもらったわけです。

沖田　先生はフミ子姐さんにお会いになったことがあるんですよね。やっぱり厳格な女性だったんですか？

山之内　いいえ、そんなことはないです。「すんませんな、遠いところまで来てもうて」という感じで、普通の女性でした。私には全く厳格とかキツイ女性という印象はないんです。竹中さんが殺されたあとも「山広があんなことしてな、私が四代目にしたばっかりに可愛そうなことした」と、優しささえ感じておったぐらいです。

沖田　今でもネットでフミ子姐さんのインタビュー動画を観ることができるんですが、それを観てると筋の通ったことを言われてますよね。

山之内　確かに、岸本さんなんかよくフミ子姐さんのことを「あの人は女極道や、姐さんに勝る極道はいない」って言ってましたね。「ヤクザがどうあるべきか一番考えている人や」って。それで性根のきつい竹中さんを跡目にしたのかもしれませんね。

竹中さんは、「人間、死んだらしまいや、殺したら勝ちや」って人やったからね。女を口説くのに、「お前、誰を殺してほしいねん」と言う人やからね。木下会との抗争（姫路事件）でも手打ち破りして、「どうや、上手いことやった」くらいの人やからね。それを、田岡さんも「ようやった」言うて、喜んどるんやからね。田岡さんも暴力と粛清の人やったからね。もちろん、それだけではなくて人徳があってこそ山口組を大きくできたわけですけど、やはり根底には力を信奉していましたね。

沖田　それは私にも分かります。私が所属していた大平組の初代の親分（大平一雄組長）は、三代目山口組で初めて新設された本部長を務められていたんですけど、つまり、小田秀さんの前任ですね。その際に、若き頃の中村の親分が、田岡の親分の話を初代から聞かされて、「本家の親分って怖い人でんな」って言ったことがあるらしいんですよ。そしたら初代に、叱られたって言ってましたね。「親分のことをそんな言い方したらあかん」と。いまだに田岡の親分という人はカリスマとして語り継がれているじゃないですか。ヤクザとしての暴力、それを上回る人徳がおありになったからこそでしょうね。

山之内　実はね最初、フミ子姐さんも「山広に協力したってや」って言うてたんですよ。けれども宅見さんの中では、山広ではあかんとなってたんです。これは、報道されたことがないんだけど、宅見さんが山健さんから服役中に手紙を貰ってるんです。結構な数のね。その手紙の中に、「自分が頭領になったら竹中をカシラにするんだ」と書いてあったんですよ。

つまり、山健さんは自分が四代目になったら、竹中さんを若頭にする考えを持っていたのは本当なんです。それで竹中さんと宅見さんとは、そんな親しかったわけではないんやけれども、竹中さんを推すことになっていくんですよ。ただね、大阪戦争が終わって、本家にマスコミを呼んで記者会見やってるでしょう。

沖田　一方的な抗争終結を告げる記者会見ですよね。

山之内　あの前日に田岡の親分が当時、保釈中だった山健さんを呼んでね、「早く行って、早く帰ってこい」って言ってるんですよ。それで帰ってきたら、「代を山健さんに譲る」と言ったという話があるんですよ。ぼくは、本当に田岡の親分は山健さんにそう言ってると思うんです。それほど田岡親分も山健さんを信頼していたのは事実ですし、誰しも認めるところでしょう。なんでこんなことを言うかといえば、山健さんはそれを聞かされて、加茂田さんに電話して呼んどるんですよ。記者会見前日にですよ。加茂田さん呼んで、「実は親分から『早よ懲役に行って帰ってこい、帰ってきたらお前に代をやる』と言われとんねん」、ついては加茂田さんに「カシラ頼もうかと思ってる」って言うてるんですよ。

沖田　そうなんですか！　実際、ヤクザ記事の依頼が多いので、と言うか私の仕事の8割がヤクザ記事なんで、嫌でもヤクザ事情に詳しくなってしまってるんですね。詳しさだけで言えば、現役の頃なんかよりも今の方がよっぽど詳しいんです。本音は嬉しくもなんともないんですけど、そんな私でもその話は初めて聞きました。

山之内　それで加茂田さんも、そのことを聞いとるもんやから、四代目争いで出てきた「田岡親分の遺言なんてない」って、確信を持って思ってたわけやね。ただ、フミ子姐さんにしてみたら自分が継がせるとか、継がせない言う権限はないんですよ。あくまで伝達者として、親分がこう言ってたよ、と言うしかない。親分は代紋を持っとるわけやから、親分の意向はこうだったよ、そういう言い方しかしないわけですよ。

沖田　加茂田さんからしたら、山健の親分にカシラ頼もうと思ってると言われてるわけですから、遺言として出てきた「四代目は山健にカシラには竹中に」と言うのが、「そんなものはない」となったわけですね。でも、宅見さんに宛てた手紙には、カシラを竹中の親分にって書いてあったんですよね？

山之内　そうなんですよ、自分が継いだあとは竹中をカシラにするっていうのがあるんですよ。

沖田　それですと、服役中に山健の親分に心変わりがあったということになりますね。それだったとしても、加茂田さんからしてみれば、それは山健の親分の考えであって、田岡の親分の遺言ではないということにもなってしまいますね。

山之内　ぼくは当時、小田秀さんの顧問弁護士をやっていたから、もしかしたら次の代は小田秀さんが継ぐんじゃないかと勝手に思っていたんだけれども、「誰が四代目にええか」ってなると、小田秀さんも「加茂田か竹中」って言いよったもんね。「山広」って言わなかった。あれは、ちょっとびっくりした。若い人にという考えだった。

でも、「とりあえずは、ひろっちゃん（山本広組長）にした方が、まとまるんだ」って言ってましたね。一旦、「ひろっちゃんでまとめて、あと竹中がええんやったら竹中にひろっちゃんが禅譲して、竹中をもってきたらええ」と言いよったもんね。いずれにしても、本当は「次の代は加茂田か竹中」って言ってましたね。

沖田　私らの世代は、ヤクザをやり始めた頃の巨大組織と言えば、すでに山健組だったんです。それと中野会に宅見組や倉本組という組織も大きかったし、うるさかった。弘道会という組織、中でも高山組の勢いが凄いというのも聞いてはいたんですが、どうしても関西なので山健組なんですよね。

それでよく思ったのが、2000人軍団と呼ばれた加茂田組も、当時それくらいうるさくて巨大な組織だったんだろうな、と。加茂田さんは現在もご存命でいらっしゃると聞いてます。歴史に「たら・れば」は夢想でしかないとよく言われますが、それでも、その話を聞いていると、「たら・れば」を論じたくなってしまいますよね。

山之内　加茂田さんは自分が代を取る気持ちがなくて、むしろ代を取る気がないという立ち位置になってしまったんでしょうね。山広担ぎも当初は、一生懸命じゃなかったんですよ。でも、一和会が記者会見やるという日に向こうにちょっと寄ってみようかと方向転換したもんだから、否が応でも山一抗争の戦場に突き進んでいくことになってしまったんですよ。

沖田　確かに、フミ子姐さんにも「一本でやっていきます」と言っていたとされていますもんね。

山之内　そう、それでね、フミ子姐さんは加茂田さんに「あんたの席を用意してるから」って言っているんですよ。だから、「竹中に協力したってくれ」、こう言ってるわけです。で、「正久から話を聞いてるやろう」と聞いたんだけど、加茂田さんは「知りまへん、何も聞いてまへん」と答えてるんです。竹中さんと岸本さんとステーキ食べに行って、クラブにも行ったけど「なんの話もおまへんで」と言ったんです。姐さんは人伝いで竹中さんに、「加茂田の席を用意しとけ」と言うとるんですよ。それを、宅見さんやなんかが握り潰しとるんですよ。「重たいから」言うてね。大きかったですから、加茂田組言うたらね。それこそ一番大きかった。

沖田　それがもしも伝わってたら、歴史は大きく変わってましたよね。

山之内　全然、変わっていたと思うね。姐さんからしたら加茂田さんまで山口組から追いやる気なんてなかったんですから。

沖田　加茂田さんからしても、そこで竹中の親分を担いでる人たちが自分を迎え入れようとしてないと言うか、煙たがってることに気づいてしまったのかもしれませんね。それに二千人軍団の頭領としての自負もあったでしょうし、だったら「別に頭を下げてまで、四代目体制に入れてもらわんでもかまへん、十分こっちはやっていける」と考えたとしてもおかしくないですね。

山之内　加茂田さんからしたら可哀想なもんですよ。山健さんから、カシラやってくれ言われてね、姐さんからは座布団を用意してある言われて、いざ開けてみたら、それを拒んでいる勢力がいるんだもの。

沖田　でも、竹中の親分を担いだ宅見の親分らは、それが組織のため、新しい体制のためと考えられたかもしれませんね。

○渡辺芳則五代目体制発足の舞台裏

山之内　そうなんでしょうね。冷たいと思われても、どこか合理的に徹していかないといけないのかもしれませんね。

　五代目体制を作る時の竹中の武さんに対しても、宅見さんはやはり冷徹でしたね。武さんはやっぱり人気もあったし、実績もあった。武さんが物を言えば、言葉は重たいですよ。だからどうしても五代目という線にも出てくる。中西さん[9]（初代中西組・中西一男組長）が推してくる可能性だってありましたしね。ところが、宅見さんにしたら、竹中さんが殺された日から、五代目作りをやっとんやからね。殺された竹中さんの遺体を前にしてね、渡辺さんに「兄弟、五代目は兄弟しかおらん」って言うとるんやからね。

沖田　でも、それがヤクザなのかもしれませんね。人の死と言うのは、親しければ親しいだけ、哀しいわけじゃないですか。そこにはヤクザもカタギもないと思います。でも、ヤクザは途方に暮れてる場合じゃない。実弟の武さんが復讐に燃え、敵討ちが何よりの先決とするのがヤクザなら、哀しみの中でも立ち上がり次の構図を描くのもヤクザの宿命ではないかと思うんです。もちろん人それぞれ立場が違いますけども。特に宅見さんからすれば、山健の親分に直参へと取り立ててもらった恩義もあったでしょうし、その恩義を返すためにも次こそは、山健でっていう思いもあったんでしょうね。

山之内　でも、ぼくはびっくりしました。渡辺さんからしても、「次は兄弟や、腹括ってくれ」って言われても、なんの話やと思ったのと違いますかね。それだけに、武さんですわ。宅見さんからすれば、「あとの方から出てきて何を言うとんねん」という思いが、やっぱりあったと思いますね。たとえ冷たいと思われようが、合理的に考えていかなきゃならないのが、ヤクザなんでしょうな。

沖田　だと思いますね。ヤクザを辞めて特に感じますが、結局ヤクザは綺麗事ではやっていけませんから。見返りなんて受け取らず困ってる人を助けて、「気にせんでええ、かまへん」と言うのが任侠道だとしたら、周りが迷惑しますよ。あんたのせいで生活もままならんやんって家庭内でなりますよ。本当にそれをしたいのやったら、汚いと言われようが後ろ指さされようが、とにかく上りつめて掴むもんを掴まないと、困ってる人を助けることも男を張ることもできないんですから。ヤクザの世界は甘くないです。でも、それほど武さんは、五代目レースにそれだけ影響力があったわけですよね。

山之内　そうですね。武さんの存在感は大きかったですよ。ほんまに信賞必罰というスローガンそのままの人でしたから。

沖田　四代目親分の祥月命日に中村の親分のお供で、姫路にある霊園にお墓参りに毎年行ってたんですが、一度だけ竹中親分の実弟の正さんが来られていたのを見たことがあるんです。直参に昇格する前の安東さん（現在の二代目竹中組・安東美樹組長）も来られてました。２人は並ばれて墓参に来られた六代目の執行部の人たちを見送られていたんですね。今思うと、それは凄い光景だったんだなと。その一回だけなんですよ。正さんを見たのは。四代目の親分をお見かけしたこともなければ、実弟の武さんを見たこともない。正さんを一度その時に見ただけなんです。武さんは四代目の親分が「ワシ以上の極道や」と言われていたそうじゃないですか。誰にでも遠慮なくはっきりと物が言えるって。引退されたウチの中村の親分は仲が良かって義理場でも、「『兄弟、横に座り』って立ててくれた」とおっしゃっていたことがあるんですが、実際、武さんが山口組におられた時は宅見さんでも武さんに対して、遠慮があった印象はありますか？

山之内　そんなことはないです。遠慮しとったとか、武さんに対して頭が上がらなかったというイメージはないですね。でも、どうしてもやっぱり大きい、存在がね。宅見さんからしたら、武さんが自分サイドの陣営に入ってくれたら最高やったんですが、入らへんかった。宅見さん陣営で武さんが五代目作りをしてくれたら、こんな強いものはなかったんですけどね。

沖田 先生は四代目から五代目体制に入るまでの渡辺の親分をよくご存知なんですか？

山之内 ぼくはどうしても宅見さんに繋がる人脈は親しくなるんでね。渡辺さんとも、それなりにお話をさせてもらってますよ。何せ、宅見さんが山健（二代目山健組・渡辺芳則組長）をいよいよ五代目にするんだ、山健がトップなんだという考えですからね。宅見さんは山健さんに恩義があって、実質、山健さんの子供と同じだったからね。今こそ、山口組の頭領に、代紋頭にするんだという思いは、宅見さんの山健さんに対する思いやったんでしょうな。

沖田 それを聞くと、神戸山口組発足で山健組が立ち上がった時、宅見組も歩調を合わせて立ち上がったのが、ますます理解できる気がします。しかしですよ。

巷では、宅見さんが五代目の親分を蔑ろにしてた、なんて話もあるじゃないですか。

山之内　渡辺さんに宅見さんは「5年間は何も言わんとってくれ」って本当に言うてましたからね。そして、「10年経ったら次の代を考えてくれ」とも言うてました。宅見さんはまずは全部、自分で作って、レールを敷いた上で、あとはそこから渡辺さんが考えて判断してくれたらいいと思っていたんでしょうね。その代わり10年経ったら次の代のことを考えてくれよということだったと思うんです。

沖田　実際に5年が経過して、6年目に入ってからはどうだったんですか？

山之内　ちょうどその頃、ぼくもパクられてしまう[10]んですよ。でも、宅見さんが渡辺さんを蔑ろにしてたなんてことはないですよ。ちゃんと立ててました。山口組の親分って窮屈でしょう。どこかに遊びに行けるわけでもないし、なかなか海外旅行だってできない。だから、宅見さんは渡辺さんをなんとかフランスに行かせてやろうとしてました。

本来は渡辺さんも性格的に茶目っ気の多い人だったんですよ。ぼくにも冗談を飛ばしてくるような。それがカシラになり、五代目になるにつれて、段々と難しくなっていきましたね。なんてったって天下の山口組の頭領ですからね。

沖田　全盛期に4万人と言われた山口組の頂点だった人ですもんね。発言一つにしても影響力は絶大ですよね。ウチの親分が引退されてからですけどね。現役時代は一切そんなことを話されませんでしたから、たまに五代目の親分のお話なんかを聞かせてくれるんです。歩き方一つにしても、「大股で貫禄があった」とか、「これはどう思う?」って五代目の親分から質問されて、「こうと違いますか」って答えたとしても、「おうそうやな」と言われても、むやみに即答はしなかったって。中村の親分も「言葉の重みを理解しておられたんや」と言うてました。

山之内　渡辺さんて言う人は、人をなかなか信用しない。その代わり信用したら簡単には絶望しない、そんな感じがしましたね。とにかく立場が立場でしたから。

それと、渡辺さんは常識人なところがあって世論を結構気にするんです。例えば、現・二代目竹中組組長の安東（美樹）さんが、昔、山広邸を襲撃した時、警察官を撃ってしまいましたね。あれを言語道断の許しがたい暴挙だと非難するんです。（竹中）武さんとそれで反目するんですけど、結果は絶大な効果があったわけで、警察官を撃ってでも命を取りにくる執念に恐れて、山広さんも引退と一和会の解散を決意したんですからね。田岡さんだったらニヤッとして、襲撃したもんに小遣い渡すと思うな。「ええ根性や」って言うやろな。

山波抗争の時、間違って一般の人を撃って殺してしまったことがありましたね。あの時もものの凄く落ち込んで、その夜に私が被害者のお家へ新札で1000万円の香典を届けに行ったんです。それが後の「使用者責任」の理屈を生みましたね。犯人も分かっていないうちから、トップの親方が責任を認めているんやもんね。世間向けのパフォーマンスか本心かよく分かりませんが、善意なところがあります。特に、大震災の義捐活動は本当にひたむきで熱心やったですね。

沖田　五代目時代は、本家に行く機会って私らなんてたまのガレージ当番に欠員が出た時くらいなもんで、全く本家の空気に接したことがないんですけど、宅見さんがいると雰囲気は引き締まるものでしたか？

山之内　それは山口組のカシラの権力は大きいですから、そういう面はあったと思いますよ。でも、私は正確には分からないところもあるんです。例えば、岸本さんは表向き、「カシラ」と立ててたのかもしれませんけど、ぼくに話す時は、岸本さんも「宅見、宅見」って言ってましたからね。これも、信頼関係がなせるわざなんでしょうね。四代目作りの時から、ともに行動していたわけですから、お互い敬語ではなかったですね、ぼくの前なんかだと。ざっくばらんに話されてました。

沖田　そういう信頼関係を得て、宅見の親分は四代目体制から五代目体制を、まさに命がけで作り上げていったということですね。

山之内　宅見さんは「男の仕事で命がかかるのはヤクザだけやから、それがおもしろい」とよく言ってました。そして、「山口組は10年に1回、大抗争があった方がええ」とも。そうじゃないと、「みんながピリッとせん」と言ってました。

沖田　偶然にも、宅見さんが中野会のヒットマンに射殺されたのも五代目体制がスタートして10年ですし、六代目山口組の分裂にしても発足からちょうど10年で起きています。どちらも、大きな事態なんですが、10年という周期を宅見さんは見事に言い当てておられますよね。ということは、宅見さん自身は、中野会の動きに多少の警戒はあったんですか？

山之内　油断していたんでしょうね。殺されるとまでは思ってないんですよね。ただ、宅見さんが弾かれた時、岸本さんも隣におったじゃないですか。岸本さんは「コイツら、オレ狙ろてない」というのをはっきり分かったと言うてましたもんね。「オレやない。宅見殺しに来よったな」って。

沖田　宅見さんが中野会のヒットマンに射殺される前に、初代古川組の組員らが偵察に来ていた中野会の組員を捕まえるという出来事もありました。岸本さんは中野会のそういう雰囲気を感じておられたんですかね。

山之内　そこまでは思ってないでしょう。中野さんが根に持ってて、まさか宅見さんを殺しにくるということまでは思ってないですよ。宅見さんはよく言ってました。「山口組のカシラのこのワシを殺しにくるヤツがおるとしたら、もうポン中くらいしかいてへん」と。つまり、正気の沙汰やないいうことですわ。油断しておったんですよ。

沖田　最近、中野太郎さんが「悲憤」という本を出され、その中で渡辺五代目が「今や、今トるんや」と宅見暗殺を中野さんに執拗に命令したというくだりを読まれたと思いますけど、どう感じましたか?

山之内　胸が痛いですね。10年で次の頭領を考えるというのは、渡辺さんを五代目にした時の約束だったんです。渡辺さんが続投できるほどの器量だったら、宅見さんも選手交代を考えなかったやろうけど、そのように評価できなかったんですね。

実は私、宅見さんが殺される1カ月ほど前、宅見さんに会っているんです。久しぶりの再会で2人きりで長い話をしました。雑談の中で「10年経ったら、次考えてくれ言うてあるからなあ。渡辺も分かってるやろ」とつぶやいたのを覚えています。中野さんなどは「宅見が渡辺おろしのクーデターを企てていた」と思っているでしょうけど、10年は五代目を作った時の約束です。多分、宅見さんは桑田さんを六代目に据えたかったんやろね。桑田さんも渡辺さんを見切って、宅見さんに乗り換えてましたもんね。

本の中では渡辺さんの命令だけが動機のようになっているけど、中野さんにも「宅見を殺したい」という動機がありますね。例の会津小鉄に襲撃された事件です。中野さんに無断で勝手に手打ちしたことを根に持っていると思いますよ。

沖田　宅見事件の時、山口組執行部は五代目が噛んでいると思わなかったのでしょうか？

山之内　そりゃ思っていますよ。渡辺さんと中野さんの関係を見れば誰でもそう思います。だから宅見事件以後、五代目は機能できなくなっているんです。余談ですが、２００３年に東映が「仁義なき戦い」を復活させたんです。親しいプロデューサーから私に「なにかいいテーマはないですか」と相談があった時、即座に「宅見事件です。あれ親分からんでますよ」と言いました。制作サイドとしては山口組からクレームがつかないかと心配したそうだけど、私は確信に近いものがあり、文句は言えないと思っていました。「新・仁義なき戦い／謀殺」という映画です。宅見さんを高橋克典さんが演じ、中野さんを渡辺謙さんが演じました。そして渡辺さんは小林稔侍さんで、組の顧問弁護士が私です。

沖田　先生は俳優もやるんですか？

山之内　申し訳ないけど好きですね。五代目づくりも東映で映画化してて「激動の１７５０日」というタイトルです。渡辺さんが中井貴一さん、宅見さんは中条きよしさんでしたね。

沖田　五代目が宅見暗殺の背後にいると感じながらも、執行部は組織運営を続けるのですか?

山之内　そうです。混乱を避けるためにはそうせざるを得なかったんでしょう。でも宅見さん亡き後、二代目宅見組組長の入江(禎)さんが直参に上がるのですが、入江さんはヤクザとして、なにがなんでも親の仇は取るつもりでした。一方、渡辺さんは自分のために大仕事をした中野さんを守りたいわけです。だから山口組本部としては、中野会に対する報復は絶対禁止の通達を何度も出すわけですが、宅見組の復讐はヤクザの筋からして阻止できません。

入江さんは本部に上がってから渡辺さんに相当いじめられます。でも五代目の顔色をうかがうより、男として生きることを選びます。それを応援したのが司さんです。司さんが入江さんをかばい、敵討ちをさせたのです。司さんは渡辺さんの組織運営に批判的でした。こんなことが起こるのは想像を超えるけど、宅見さんも身内が殺害を計画しているとは思っていないよね。

竹中さんもそうやけど、まさか自分を殺しにくるとは思ってない。ところが、動いてたんは、竹中殺しでは加茂田組も結構、動いていましたからね。竹中さんの所在を掴むために、そういうチーム作ってやってましたからね。表向きは出てませんけど、少なくとも動静を探る偵察班としては、動かしてますわ。あそこのカシラやってた飯田（時雄）さんとも親しいんですけど、「親分がケンカする言うからかなわんわ」と言うてましたもん。

沖田　それで実際、殺し合いが始まるんですから凄い時代ですよね。今はどちらかと言うと、何も聞こえてきませんね。だいたい噂に上がった時点で計画は消滅してしまってます。たとえ、内部であっても、殺しの計画を立ててる時は徹底的に情報が漏れないように管理されてますから。漏れたら見送りますしね。だから殺しや大きな事件が起きる時は、いきなり起きたように見えるんです。実際は緻密に計画を立てられてるんですけど。でも山一抗争の時代は聞いてるだけても、計画が持ち上がって、それが現実に起きてたんですよね。

山之内　平気で起きてましたね。飯田さんという人は力のある人でね。飯田さんが辞めた時に、宅見さんと岸本さんが、「おう、これで勝った」って確信を持ったというほどの実力者でした。ダンディーな人でしたけど、実際に「ワシ、誰々狙ろてますねん」て、ぼくに飯田さんは言ってましたね。加茂田組としては当時、渡辺さんと岸本さん、それにもう1人おったんだけれども、この3人を狙ってたんですね。

竹中四代目射殺事件の首謀者の1人で、石川さん（一和会・石川裕雄常任理事）っておるでしょう。石川さんらが竹中さんを殺して、まだそんな日にちが経ってない時に、加茂田さんが石川さんに会って手を握って、「ええ仕事してくれた。ウチもやるど、渡辺と岸本とあれを狙ろうとるんや」って言うてね。「必ずやるから」と言うてるんですよ。

逆に宅見組は飯田さんを狙ってるって言ってましたもんね。飯田さんがミナミにいてる言うたら走らせてましたもんね。すんでのところでかわされて、やれなかった、言うてましたもんね。あの頃はみんな、オレはアレいくんやと口でも言ってたし、実際、動いてたんですよ。

沖田　今、同じようなこと口にして動いていたりしたら、それだけで何年も懲役に行かされてしまいますよね。それどころか、組織の上層部まで全て逮捕されてしまいますよ。

山之内　全員パクられます、今やったら共謀罪でね。山一抗争の頃はみんな本当にやるやる言うてね、刑期も安かったですからね。

沖田　だいたい宅見事件までは、抗争で弾いて殺してしまったとしても、相手が1人なら15年ぐらいでしたしね。有期刑の天井が20年でしたもんね。今なら安くても、有期刑の天井の30年。普通で無期、間違えて一般市民にまで流れ弾が当たろうもんなら、死刑だってあり得ます。実行犯だけやなしに、推認でトップまで逮捕するでしょうし、経済的にも余裕がありませんよね。逆に言えば、私はこういった抗争のできないという時代の背景があったからこそ、山口組の分裂は起きてしまったのではないかと思っています。

（注）

①四代目の竹中正久親分＝田岡一雄三代目が死去し、跡目の最有力候補とされた山本健一若頭も後を追うように病死した。混迷の中で山口組四代目に襲名するが、１９８５年１月に一和会のヒットマンの銃弾に倒れた。

②正さん、武さんという弟さんたち＝竹中正久四代目の実弟。竹中武・竹中組組長は山口組直参となり、竹中正・竹中組相談役とともに実兄の敵討ちのため、苛烈な報復を展開した。

③宅見の親分＝初代宅見組・宅見勝組長。山口組系福井組の出身。山本健一若頭の推挙を受けて、１９７７年に三代目山口組直参となる。四代目体制下で若頭補佐となり、五代目山口組では若頭として活躍。１９９７年8月に中野会系ヒットマンにより射殺される。

④森田昌夫組長＝森田組組長として竹中正久四代目から盃を受けて山口組直参となる。六代目体制発足後に引退。

⑤山田組の山田輝雄組長＝竹中正久四代目から盃を受けて山口組直参となる。多くの盃儀式で媒酌人を務めたことで知られる。六代目体制下で引退。

⑥ボンノ＝菅谷組・菅谷政雄組長の通称。幼少時にイタズラをしてばかりいたことから、寺の和尚が煩悩にかけてボンノと呼んだことが始まり。三代目山口組で一大勢力を築き、自身も若頭補佐の地位にあったが、大阪戦争で執行部に断りなく和平交渉を進めたことがとがめられ、直参に降格。内部抗

争の責任を問われ、のちに絶縁となる。

⑦中野会・中野太郎会長＝渡辺芳則五代目の懐刀として五代目山口組若頭補佐を務める。１９９７年の宅見若頭暗殺事件で絶縁となる。

⑧ハワイ事件＝１９８５年９月、竹中組・竹中正相談役と織田組・織田譲二組長がアメリカの捜査当局の囮捜査によって、山一抗争に使用する武器を購入しようとしていたとして逮捕される。結果、無罪を勝ち取るが、帰国できたのは翌年４月だった。

⑨初代中西組・中西一男組長＝三代目山口組で若頭補佐を務めた重鎮。竹中四代目死去後の暫定体制で組長代行を務め、五代目候補の一人とみられていた。五代目体制では最高顧問を務めた。

⑩ぼくもパクられてしまう＝山之内氏は１９９１年２月に大阪府警に恐喝容疑で逮捕されている。一審で無罪判決が出るが、検察側が控訴。結果、大弁護団が結成され、１９９７年に無罪を確定させた。

第三章　任侠道とヒットマン

○任侠道の精神とは

山之内　任侠道は今でもそれなりにあると思います。ただ世間で言うようなものではないですけどね。ぼくの見る任侠道とは無茶ができるちゅうか、バカなことをね。計算に合わないバカなことをする度胸というか、勇気というか、そういうことをできるというところにあるんじゃないかと。それがどんな場面で出るかというと、組のため、オヤジのために懲役に行くというね。そんな場面にあるような気がしますね。自分の人生を捨てて犠牲になって行こう、この人に心酔したから、その代わりに懲役に行ってやろうという精神なんじゃないかと思っているんです。

沖田　ヤクザやってる時は、それどころじゃなかったんで任侠道について考えたことも、考えようとしたこともなかったです。食うのに必死でしたし、いつパクられるかも分からない。そんな状態でしたからね。みんな任侠道がこうなんだ、ああなんだなんて談議してなかったですしね。もっと現実を見てましたよ。会費も払わなあかんし、生活もして行かないかんし、任侠道がどうのこうのと口にできるのは、懲役帰りの人間だけでした。

懲役帰りは「やってやるぞ」という精神で帰ってくる人間が多いですからね。でも、現実を目の当たりにすると、長続きはしませんね。毎日、朝から晩まで怒られながら、掃除、洗濯、食事に電話番。で金は自分で稼いでこなきゃいけない。だからと言ってシノギなんて冷え切って全くない。気持ちゃ精神で金は降ったり湧いたりしませんからね。任侠道で会費や臨時徴収[1]なんて払えませんし、ヤクザと言えども生活だってありますしね。そんな状態で何年も何年もやってきてると、「さあ任侠道だ、行ってこい」、「やってこい」と言われても、よっぽどじゃないと無理です。指示する方も、ヤクザをやらせてることで負担をかけてるのに、そうやすやすと言えませんよ。臨時徴収があるたびに、直参でカットして金額を出して、それを本部からの通達として回すわけなんですが、電話しながら内心、すまんなって思ってましたもんね。臨時徴収を口にした途端にみんな声のトーンが下がるんです。勘のいいやつなんて、そういった電話にすら出ませんしね。自然とどこの組織でもそうだと思うのですが、気軽に事務所に寄るなんてなくなってしまうんです。行けばまた金を言われるかもしれないと思えば、足だって次第に遠のきますよ。

それが分裂前の私が直面していた現状なんですけど、分裂後と前では随分と異なったと思うんです。殺すまではいかなくとも、よし、やってやろうか、と言う場面が確実に増えましたからね。もともとは純粋にケンカが好きでヤクザになった人間が大半じゃないですか。それだけに、先生の言う組織のために身体を賭ける場面は増えたと思いますね。

山之内　その一方で、組のために身体を賭ける組員を、組織は大事にしないといけない。言うなれば、組に対して功績のある人間を大事にするというのは、確たるヤクザ組織の伝統であって、これを蔑ろにしたら終わりなんですよ。弘道会は特にそこがしっかりしてますんでね。ジギリ[②]を賭けて懲役に行った人間は、とにかく大切にしようと、報いようとしますからね。シャバにおる人間からなんぼ毟り取っても、懲役行ってるヤツの報償は守ってやるんだというね。そういうところがしっかりしているんで、弘道会は強くなったんですけどね。そういうところに、任侠道の精神が残っていると思うんですよね。

沖田　損得で考える頭がありながら、平気で組織のため、親分のためなら、損と分かっていても行動できるという精神ですよね。先生が弁護された組員の中にも、そういう精神的な真髄を持った人って結構いてましたか?

山之内　なぜ、そこまでして自分を捨ててしまうのか、その代償は一体なんなのか、と考えさせられた組員はいてましたね。

逆に外の方が、ヒットマン行かすだけ行かして、はい終わり。全然バックアップしない。懲役行ったら終わりって、全然、面倒を見ない組長もおりますよ。そうなったらヤクザの組織としてはダメですね。組員はみんな見てますから、組のトップがジギリで懲役に行った人間をどれだけ大事にしているか。

沖田　例えばメシ一つ、酒一杯、親方が飲むもの食べるもの全て見てますもんね。会費や臨時徴収で吸い上げるだけ吸い上げて、自分だけ良い家住んで良いもの食べて、こき使うだけ使って恩だけは人一倍着せてね。「こうしたった」、「ああしたった」って呪文のように唱えてね、それでジギリを賭けた人間をほったらかしにしてたら、反感買いますよね。みんな必死に生きてるんですからね。

山之内　金を毟られてしょうがないけれども、そのお金がジギリを賭けた組員に使われてると分かれば納得します。暴対法では一応、組織のために懲役に行った人間を支援してはいけないってありますけれども、あれを真面目にやられたらヤクザ組織なんて持たない。やっぱり行った人間のことは全て面倒を見てやる、というのがあってこその組織ですからね。ヤクザの組織っていうのは。

沖田　それでも難しいところってあると思うんです。組織もしっかり面倒見てくれ放免時には大金を貰ったとしてもね。長期間、社会不在を余儀なくされたおかげで娑婆に帰ってきても社会に適合できないとか。金銭感覚が麻痺してしまい派手に使った挙句、免除されていた会費がいざ始まると、シノギがない。次第に、会費が詰まる。会費が払えないと、発言力が落ちてしまう。本人としてはおもしろくない。徐々に事務所にも寄りつかなくなってしまうってケースってあるじゃないですか。

山之内　ありますね。しかし、それがヤクザなんでしょうな。華やかで儚いと言うか。ジギリを賭けて帰ってきた人というのは大事にしないといけないんですけどね、自分で潰れていく可能性はある。そういう意味でも、もう今は組をあげての抗争なんてできないです。本人がね、勝手に行ってくれる分にはええけどね。

沖田　行ってくれて、警察でも黙秘してくれて、それをヤクザの生き様として美学と思えるなら、別ですけどね。それを考えると、今の時代に岡山の事件[3]というのは、よく起きましたね。

山之内　（神戸山口組の）池田組の高木さんが弘道会系組員に射殺された事件ですね。あの高木昇さんていうのは、ぼくの「悲しきヒットマン」の主人公、高木昇って名前からとって、自分でつけはったんです。せやけど、走った組員も肚も据わって、しっかり口もチャックして行きよったね。あっと言う間に裁判も終わってしまった。無期打たれる裁判にしては余りにも簡単過ぎるけどね。

沖田　今からの無期懲役って、はっきり言ってほとんど終身刑と等しいと言っても言いすぎではないですよね。

山之内　そうですね。簡単には出てこられるもんじゃないです。あの竹中さんを殺した石川さんだって、もう組がないわけだから、そういう意味では仮釈放の対象になってるはずなんですが、いまだ出てこられないですもんね。

○悲しきヒットマンの血統

沖田　そもそも、「悲しきヒットマン」の主人公の名前の由来というのはどこからきているんですか？

山之内　昇というのは、モデルの勢さん（初代一勢会・勢昇会長）の下の名前、本名ですよ。苗字の高木は、（五代目）早野会[4]の会長やってた高木（廣美）さんでおられたでしょう。あの人が誠会と揉めて抗争で長い懲役に行ってるんだけれども、あの高木さんの苗字を借りたんですよ。と言うのも根性がもの凄くきつかったからね、高木さんと言う人は。

沖田　そうだったんですか。早野会の副会長をやられてた高木さんの弟さんとは面識があって話させてもらったこともあるんですが、お兄さんって、そんなにきつい気性のかただったんですか。

山之内　根性きつかったですよ。本当にきつい。誠会と当時、組員の引き抜き合いで揉めてね、それで殺人事件が起きるんですけど、その時に指揮者として長い懲役に行くことになったんです。それで、高木さんの名前を借りたんです。

　この小説を書いたのも30年前の話なんですけど、今になって、いろいろと申し訳ないと思っているところも実はあるんですよ。

沖田　それはなぜですか？

山之内　今でも結局、尾を引いてるからですね。先の池田組の高木さんの稼業名もそうでしたけど、⑤織田さんを襲撃した射殺犯の黒木（菱川）龍己組員も勢さんとこの系列の人でしょう。そういうレッテルというか、宿命づけてしまったんじゃないかと思ってしまうんですよ。

あんなにベストセラーになって、小説が有名になるなんて思わなかったんですからね。黒木組員は逃げるしかないでしょう。現状の法律では、トップまで累が及ぶかもしれないわけですから、組織としても逃すしかないんです。ましてや、黒木組員は井上さんに付いていた人なんでしょう。しかも、モデルになった勢さん自身も現在、逃げてるんですよ。山健組の身内殺しの事件でね。

沖田　多三郎一家の総長を殺した事件⑥ですよね。

山之内　そうそう、本家に対するケジメとして起きたと言われている事件です。結局、山本國春さん（元四代目山健組若頭）が有罪（懲役20年）になっちゃった。あの事件で勢さんは指名手配されて、逃げてるんですよ。

沖田　「悲しきヒットマン」でも先生が書かれていますが、あの映画化された抗争事件でも長期服役をされていましたよね。

山之内　そうなんです。結局は山健組の懐刀というかヒットマンを貫いたんやね。それで勢さんが作った組織が一勢会だからね。やっぱり山健組の懐刀というか、いざという時に動く組織なんでしょうね。その役割を黒木組員が果たしたんじゃないかと思うと、私も悪いことしたなって。つまり、黒木組員の人生を追い込んでしまったんじゃないかって気持ちがするんですね。黒木組員本人がどこまで自覚していたかは分かりませんけど、周りがやっぱりイザという時に動く組織と見るんじゃないかと思うんですよ。

沖田　その周りからの期待をどうしてもヤクザとして背負ってしまったとお考えなのですね。

そもそも、今では当たり前に使われているヒットマンという言葉なんですが、これは先生が生み出されたんですか？

山之内　小説を書く前からあったんですよ。あったんですけど、日本に広めたのはぼくですね。勢さんはそれを引きずったんですよね。山健組としても彼を大事にしましたもんね。それで、今も指名手配のままです。出て来られないですよ。黒木組員もそうですけどね。捜査当局の追及がもの凄く緩くなるまで逃げないと危ないですよ。親分に命令されたとか、親分は知ってた、なんてウソでも言わされてしまったら、それで絶対に共謀になってしまいますから。今の裁判所はウソの証言でも通用してしまいますから、逃げ続けるしかないですよ。仮に誰かの援助を受けて逃げてたら、もの凄い金がかかりますよ。だから、もう組を挙げての抗争なんてできない。今の時代はもうそんな資金がないですよ。山健組も金を徴収しすぎて、任侠山口組の人たちが出ていったんでしょう?

沖田　会見の内容によれば、金銭の吸い上げと身内贔屓。それとトップが進言や諫言を聞き入れないということでしたね。

山之内　一番大きい原因はお金やったと思いますね。次に人事。人事とお金でやり方が納得できなかったから、出ていったんでしょうけどね。ヤクザやってても、今はお金が稼げない。分裂がなかったとしても、ヤクザを取り巻く環境は最悪でしたからね。

沖田　義理人情も余力がなければ、口だけになってしまいます。口だけなら誰にだって言えるわけですよね。会費や当番に至るまで、全てにおいて金がかかる。自分の生活だってありますしね。その上、捕まれば、刑期がべらぼうに高い。かつ何で逮捕されるか分からない。そんな中でも、時としてヒットマンとなる組員が出てくるじゃないですか。そこに損得ではない生き様を見せつけられることが確かにあります。

○ヒットマンの心情

山之内　ただ、私の経験上、ヒットマンになるのは、ヤクザ人生において積極的に狙いを持っているケースもありますが、むしろ人生終わりというような後ろ向きのケースもあるように感じます。後ろ向きとまでは言わないまでも、今まで散々世話になってきたから、その恩返しのために行かざるを得ないというような、つまり、そこに落ちていくしかない、ヒットマンとしてやるしかないという、そういう人もいる気がしますね。もっと具体的に言うと、シノギも下手で組にも迷惑かけっぱなしで、その罪滅ぼしのためにヒットマンになった。マイナスの人生を清算するというんかな。

沖田　ヒットマンになる方は、そうかもしれませんが、させる側は殺してこいとまでいかなくても、懲役に行ってこいと言うのは、本当に難しいんです。教唆として逮捕されるリスクもありますけど、それ以上に行かした人間の懲役を背負う覚悟も要りますからね。

本音を言ったら、若いもんに行かすより、自分で行く方が楽やとなるケースだってあります。でも立場的に自らは動けない、決して恐れているんじゃなくてね。懲役を背負うってことは大変なんですよ。その人間の人生を背負わなければなりませんからね。金はもちろんですけど、懲役を待つ人たちのこと。辛さや寂しさも全部背負うんですからね。
それは、内心は申し訳ないと思っていますよ。まして、こちらの意を汲んでくれるということは、そいつのことを、それだけ可愛がってきたからこそ、行かせる側の気持ちを理解できるんですからね。こんなヤツ、どないでもなれって思ってるヤツが、意なんて汲まないですし、そんな人間に事件なんて踏ませられませんからね。逮捕されて何を言い出すか分からない。結局、ヒットマンで行く人間は、男としての意地か、行かせる人間にどれだけ心酔してるかではないしょうか。

山之内　あるヒットマンの人も、もう亡くなられましたが、散々、放蕩の限りを尽くした人生でしたんでね。もちろん、親分の敵討ちというのもあったでしょうし、せめて行くことによって、妻や子供に生活を残してやりたいとの思い、そして極道人生のケジメですね。手柄をたてるという、将来の展望を持って行ったとは思い難いですね。自分の清算として、男としての意地を通して、ただの博打打ちではなくて、男としての根性を持ってるいうのを示してみせようと思ったのとちがうかな。

沖田　そういう人というのは、ヒットマンとしての役目を果たしてからも立派ですよね。たとえ無期懲役だろうと、「親分は関係ない」、「全部、自分一人でやった」って裁判でも言い切りますよね。

山之内　将来に向けて、積極的に行くケースはごく僅かですよ。昔はあったんです、出てきて出世してというのがね。今はそれが現実的に無理じゃないですか。それこそ大阪戦争[7]では、「仕事して懲役に行くのが、将来、幹部ないし執行部入りへの登竜門だ」というようなね。今は積極的な意味合いがあるとすれば、行くことによって家族に満足な生活をさせてやれる、もしくは自分の名前を残すとか、そういう思いで行くことになるでしょうね。

沖田　感情的に憎き敵、例えば生活を営む上で邪魔になる、足を引っ張ってくる、そういった相手に対して、一時の感情でやってしまったというのなら、まだできると思うのですが、ヒットマンはそういう直接的な心情とはかけ離れたところから、行くことになるわけですからね。殺られる方も実際は、たまったもんじゃないですけどね。その人間の名誉や妻子のために殺しにくるわけですからね。

山之内　憎くもない相手、本当に顔しか知らないような人間を殺しに行くわけだから、それは本当に性根が据わってないとできないですよ。

沖田　ヒットマンとして世間を騒がし、懲役に行って帰ってこられたのは、宅見事件の報復までだと思うんです。今は運が良くて懲役30年ですからね。20歳で行って、50歳で帰ってくる。「幹部にしてやる」、「組を持たせてやる」と言われたくらいじゃ行きませんよね。

山之内　若い時に行くというのは、組の中で周りからそういうふうに見られているんですよね。自分もそういう立ち位置にいることを意識して、立ち振る舞っているわけです。何かあれば、自分が出ていって暴力を振るう役回りを自他ともに認めてしまっていると言うかね。見方を変えれば、追い詰められてしまってるとでも言いましょうか、実質的の行動隊なんだというようにね。行かなくちゃならない雰囲気がそこにあるような気がしますね。
そうかと思えば、逆に大人しい組員が行く時もありますしね。もう鬱積したもん全てをこめて、自分が男として認められたいって言うので、普段あんまり喋らんような大人しいのが仕事する時もありますね。

沖田 確かに、いますよね。そういう人間の評価は一気に上がりますよね。黙って行く方が不気味ですし、迫力がありますから。やはり、大人しいタイプの組員は警察の取り調べでも喋らないものですか？

山之内 相当な覚悟を決めて行った場合は喋らないですね。それと背後ですわ。愛する者、子供や妻やそういうものに生活を確保する意味で行ってる人間は喋らんですわ。喋ってしまえば支援なんかも終わりますからね。破門や絶縁が待っている。極端なことを言えば、「出てきてから殺そうか」ってこともあり得る世界なんでね。ヒットマンは行くのも大きな仕事ですけども、事件後に自分で責任を取り切るというのが、もっと大きな仕事ですよね。そこに値打ちがあるんですけどもね。誰でもというわけやないですが、やるだけやったら他にもおるんですよ。

沖田　逮捕されてから、脅されようがすかされようが、喋らない。それによって状況が不利になっても取り調べに応じない。取り調べ官に罵られようが、完全黙秘。でも今だったら、喋らすために、別件で嫁さんや子供なんかを引っ張ることもありますからね。

山之内　今、本当にヤクザは虐げられてますね。警察が厳しいならまだしも、裁判所までも、まともに裁いてくれませんから。

（注）

①臨時徴収＝毎月の会費以外に組から求められて組員が支払う金銭のこと。慶弔事に絡んで、祝儀や香典などに必要になる場合が多い。

②ジギリ＝組織のために懲役に行くことを「ジギリを賭ける」、「ジギリで」とヤクザは表現する。

③岡山の事件＝２０１６年５月30日に岡山県岡山市で神戸山口組池田組の高木昇若頭が自宅マンションの駐車場で射殺された事件。分裂当初、六代目側勢力を切り崩す過程で、高木若頭は大きな役割を果たしたと言われている。後に六代目山口組三代目弘道会系組員が出頭し、殺人容疑で逮捕される。現在、この組員は無期懲役が確定し服役中である。

④早野会＝明治時代から続くテキヤ組織。１９６６年に山口組系小西一家に加わり、四代目会長が竹中四代目から盃を受けて、山口組直参となる。現在は六代目山口組直参の鈴川駿二会長が六代目早野会を率いている。

⑤織田さんを襲撃した射殺犯＝２０１７年９月12日に神戸市長田区の路上で任侠山口組・織田絆誠代表が乗る車両が武装した複数の男たちに襲われる。その際、織田代表のガード役だった楠本勇浩組員が射殺された。その後、兵庫県警は実行犯の１人として山健組系組員を指名手配した。

⑥多三郎一家の総長を殺した事件＝２００７年５月に神戸市内で起きた刺殺事件。殺された元四代目山健組五代目多三郎一家の後藤一男総長は、六代目山口組の運営方法を公然と批判していたとされ、その結果として四代目山健組から破門された。直後に山健組系組員らによって殺害された。

⑦大阪戦争＝１９７５年から足掛け３年にわたって繰り広げられた三代目山口組と二代目松田組との抗争。１９７８年に起きたベラミ事件では田岡一雄三代目が狙撃されたため、山口組側が激しい報復を加えたことで知られる。

第四章　山口組分裂に終わりは来るのか

○六代目司忍組長について

山之内　司さんは、文章を書くのも好きで、本もよく読んでいるんです。ただ、山口組にとどまらず、ヤクザ業界のリーダーという意識がとても強いんですよ。日本全体のヤクザのリーダーなんだ、だからそれに相応の所作、振る舞いをしなければならないという考え方をされてます。ですからね、軽々しく言葉を発信するわけにはいかないんですよ。それが、ヤクザ社会全体に影響を与えてしまうわけですから。
そういう中で、分裂した直後の定例会で異例のメッセージ①をしたためて、それを直参に配ったでしょう。執行部は外部に漏れる可能性も十分に視野に入れておったと思うんですけど、その内容に山健組と宅見組が出てくる。山健組とはやっぱり大きな存在ですから、司さんも若い頃には畏敬の念も持たれていたでしょうし、弘道会を大きくしたのも、どこか対抗心のような気持ちもあったんじゃないかと思います。そして、やはり宅見組というのは、山口組の歴史に欠かせない存在なわけです。だからこそ、山口組内の山健組、宅見組であるべきだと。要するに戻ってくることを望まれてると思いますよ。

沖田　それは、山健組も宅見組もトップが交代した上で戻したいという考えというわけですか？

山之内　そうですね。絶縁にした井上さんを戻したら示しがつかない。六代目山口組を守って頑張った人たちが、「なんや」ってなってしまいますからね。要するに示しやケジメがつかないということは、求心力に影響するんですよ。ヤクザの掟やルールをきっちり守ると求心力は維持できるんですけど、それがいい加減になると求心力が落ちてしまう。

沖田　ヤクザは職業ではなく生き方と言うけど、本当に精神論だと思うんです。極論を言えば、究極のボランティア精神に行き着くと思うんです。私自身、一般社会に戻り、カタギの暮らしに馴染めば馴染むほど、それを感じました。だって、給料をくれなければ、逆に毎月お金だってかかるわけじゃないですか。挙句に懲役に行くことも常々視野に入れとかないとならない。もう今では、ようせんなと。でも、当時それができたのは仕えている人、親分の求心力。もっと言えば受けた義理や恩ですね。それがなければヤクザを続けていくのは難しいと言うか無理だと思います。

山之内　例えば、ポストを用意するから、次期組長を禅譲できるようなポストに就けるから戻らんかって、それが条件みたいなことを、[②]いわゆる統合交渉の時に、織田さんが高木さん（六代目清水一家・高木康男総長）に話したということが報じられていたけれどもね。基本的に、絶縁や破門にした人を高待遇で戻すということは、司さんは日本ヤクザ社会の規範となるリーダーなんだから、掟破りはあり得ないし考えてもいないと思いますよ。

沖田　それこそ求心力の問題になるでしょうし、新たな問題がくすぶり始める可能性が出てきますよね。

山之内　六代目山口組の人たちからすれば、反旗を翻した人たちを厚遇するポストで迎えるということは、がっくりきて士気も下がるでしょうしね。三つ巴でもないんですけど、三つに分かれた状態は解消していかなならんのですがね。

これは余談だけれども、こうしてぼくらが、山口組のことを述べるじゃないですか。いわゆる言論活動に対してなんですが、六代目親分の司さんという人は緩やかなんですよ。

沖田　お世話になってる編集の人間にも、髙山さんも同じだと聞かされたことがあります。「あなたたちもそれが仕事なんだから、好きなように書いてくれたらいい」と。そういう考え方をしている人だって。

山之内　司さんもそうです。どのように書こうと、ごちゃごちゃ言わない。

沖田　それは本当に親分らしい所作ですよね。でも、そもそも本当に読まれてるんですかね？

山之内　どうでしょうね。私は分裂当初から山口組というのは一つしかないから戻るべきと言ってるんですよ。その私のコメントが掲載された時も、読まれていたようなことを聞いたことありますしね。読まれてるんじゃないですか。

沖田　六代目山口組でもう1人、注目されるのが三代目弘道会の竹内照明会長だと思うんです。先生は竹内会長をどういう親分と感じられました？

山之内　「オレがトラブルや面倒事は全部引き受けるんだ」という強い気持ちを持ってはりますね。司さんの出身母体で髙山さんを輩出した組織の三代目ですから、そういう気構えを分裂以前から持っていました。お会いした時も全くつろがないんですよ。気持ちが全面に出ていたんでしょうね。

○神戸山口組と任侠山口組の存続

山之内　私は神戸山口組が存続する意味は暫定的なものだと思います。山口組は一つのほうが良いわけですから、いずれそういう結論になります。何か存続の意味があったらいいんだけれども、同じようなことをするんやったら、二つあってもしょうがない。というのは、神戸山口組だったら本体の六代目山口組にない良い生活ができるとか、そういうことがあれば、組員にとって存続する意味もあります。これは仮の話ですけど、神戸山口組には麻薬の特別なルートがあって、麻薬扱って良いからどんどん稼げる、というような極端なものがあるんなら存続に意味合いもあるかもしれませんけどね。トップの親分衆の座布団が新たに用意できたというだけではね。若衆には迷惑ですね。本来、組は親分のためにあるのではなく、寄ってきた者を食わしてやるためにあるんですから。かろうじて社会の枠に収めながらね。

沖田　私は存続の意味というよりも、立ち上がった以上は容易に倒れることはできないと思いますし、無理に統合する必要は、今はないのではないかと思います。仮に、上の人たちの間で、何か統合に向けて合意できる条件が生まれたとしても、袂を分かった際に、現場は現場で軋轢が生じてしまったケースもあると思うんです。上の人たちの意向で対立して遺恨が残ってる部分もあるかもしれませんしね。それなのに、今すぐに無理に合併してもギクシャクすると思うんです。そういったものまで解消してからの方が良い気がしますね。

山之内　解消は難しいね。いわゆる切り崩しによって事実上一方が弱体化し、自然消滅の可能性が見えてくるということになるだけでしょう。ただそこへ行く前に、組織の弱体化を食い止めようと危険な賭けに打って出るかもしれんので、私はそれが一番怖い。今回、山口組の分裂を主導した人は相当の腹をくくって出ているので、追い詰められたら極道の意地を見せようとするかもしれんのです。

山一抗争の時、山広さんも傘下組員が雪崩を打つように山口組へ舞い戻る状況の中で、身内から指導力がないと責められ、最後に意地で竹中暗殺を実行に移したんやね。結果は成功やけど、その大仕事で極道として燃え尽きてしまい、もう一和会を引っ張っていく気力も体力も残ってなかった。竹中さんを殺したのがヤクザの終着駅でしたね。

出ていった組織が崩れ始めると、責任のなすりつけ合いで仲間割れを起こすんやけど、現状の神戸山口組にちょっとそんなニュアンスを感じるので心配です。私は神戸山口組の親分衆と親しいので、無理な賭けは絶対止めてほしいと願っています。ところで、沖田さんは任侠山口組が結成された時も、やはり血が騒いだの？

沖田　それはないです。ただなぜ、尼崎なんだろうとは思いました。言っちゃなんですが、何もない街ですよ。経済も潤ってなければ、世間で言うほど品が極端にない、というわけでもない。平凡で地域性で言えば、まとまりはないんです。そこをなぜ、本拠地に選んだんだろうなとは思いましたね。確かに盃をしないとか、組長を置かないとか、任侠山口組は画期的でありました。けれどそれ以上に分裂の潮目を変えたような気がするんです。任侠山口組が設立したことで、一気に「やはり六代目山口組に筋があるんだな」と世間に感じさせた気がしたんです。先にも話しましたが、神戸山口組が旗揚げした時、世間が沸いたじゃないですか。マスメディアでも取り上げられましたしね。それでまた世論というのは、日本人の価値観なのか、判官贔屓なところがあるじゃないですか。抑えつけられて、それに耐えに耐えて、勝てるか分からないけど、立ち上がろうという組織を応援したいというのか、神戸山口組には世の中も共感してくれた面もあったと思うんです。でも、任侠山口組が結成された時は、そういう判官贔屓の心理が働かない。むしろ、正しかったのは六代目山口組だったのではないか、と神戸山口組に傾きかけていた世論が六代目山口組側に戻った気がしますね。

山之内　結局は、任侠山口組も「付いていけるか」、「やってられるか」という形で結成された。でも、神戸山口組の旗揚げの理由と全く同じ。そう考えていくと、「やってられないから作りました」という組織が二つもいらんでしょう。いくら新しい座布団がいっぱいできて良かったというてもね。今は特徴として、任侠山口組は比較的に自由で、お金（会費）が安い。去る者追わずの方針だから、移籍についても他と比べてそんなに厳しくない。それはある意味、組員にとってはメリットでしょうね。身体も取られる時間も短くなる。それはいいかもしれないですけど、抜けていく人たちがいるということは、どこかに心許ないと感じてしまってるんでしょうね。昨年の夏頃、あったじゃないですか、六代目山口組に加入するんじゃないかって話が……。

沖田　ありました。私も結構な人から、「間違いない」、「ほぼ決まった」という話を何度も聞きました。実際、その方向で進んでいたと思うんです。でも、実現せずに、結果として任侠山口組から六代目山口組へと移籍する幹部らが大勢出ることになってしまった。

あとになって考えたんですけど、これは合流ではなく、六代目山口組サイドからの切り崩しだったのではないかと客観的に思いましたね。

山之内 先々、任侠山口組がどうなっていくか……。ただ、織田さんは本当に熱心な人なんです。つまり、ヤクザとしてどう生きるべきかということを考えている。それは、ヤクザ以外では生きていけないと思うくらいなんですね。

沖田 人伝いですが、織田さんの同級生の人と会ったという人から話を聞いたことがあるんですけど、中学生の頃にテキヤ相手にケンカして、将来はヤクザになる、ヤクザになって京阪神を制覇するって言ってたくらいの人だったようです。なので性根が違うと思います。少なくとも私が中学生の頃なんて、単車盗んで乗り回しているか、ヨソの中学生とケンカするか、せいぜいシンナー吸ってるかくらいでしたし、周りだって似たり寄ったりでしたよ。少なくとも、ヤクザになって京阪神を制覇してやる、という同級生はいなかったですね。その頃から織田さんは地元では凄い人気あったらしいです。だから、どういう状態になっても、織田さんに付いていく人はいると思いますね。

山之内　沖田さんは現役時代に織田さんと接点はあった？

沖田　いや、接点というほどではないですが、大阪刑務所のソフトボール大会で織田さんの11工場と対戦したことぐらいで……。10年は前ですが、当時からすでに関西では名の通った人でしたから織田さんという人は。私らの世代では織田さんに憧れているヤクザも多かったですよ。一塁側ベンチの中央に腕を組んで座る織田さんを三塁側から見たんですけど、風格というか様々な武勇伝を聞いていましたんで、余計に際立って映りましたね。

関西の刑務所ってどこに行っても、ダントツで山健組の組員が多いんです。試合が終わったあと、立ち去る織田さんに、私の配役していた工場の山健組系列の人間がみんなお辞儀をして挨拶したんです。本当だったら、それだけで懲罰ですよ。刑務官も何も言わず、織田さんは軽く右手を上げてその挨拶に応えてただけなんですけど、その姿が絵になってるというのか……。
引退したあとにも一度、お会いする機会があったんですけど、それはかなわなかったんですね。ある忘年会の席でご一緒する予定だったんですが、私がケガをして忘年会当日に入院してしまって、行けなかったんです。でも、その時に織田さんにお会いしなくて良かったのかな、って思いますね。もしお会いして話を聞いてたら、今の書く仕事、つまりペン先に影響が出ていたと思うんです。後に溝口敦[3]さんと食事した時に、溝口さんも織田さんについて「人として魅力がある」と言ってましたからね。

山之内　ぼくは織田さんと2回ほど、話す機会があったんですね。その時は、まだ神戸山口組時代ですが、「このままやったら、もう持たんな」って言ってたんです。その時は何のことを言ってるか分からなかったけれど、今となれば、このままでは神戸山口組が持たないって意味だったんでしょうね。

沖田　結局、ことの是非って当事者、つまり山口組の上層部の人たちしか分からないじゃないですか。私は今、仕事で山口組を取材して記事に書いてますんで、客観的に見るようにつとめているんですね。そうしてみていくと、任侠山口組の設立は否定的な意見が多いわけじゃないですか。でも、今の時代に、これだけ世間からヤクザが嫌われた時代にですよ。織田さんくらい脚光を浴びた人もいない。組織って結局は生きものですから、先々のことはどうなるか分かりませんが、一世風靡されましたよ、織田さんという人は。神戸山口組発足当初には、誰しもが存続を不安視していた中で、天下の六代目山口組相手にですよ、「神戸山口組に織田あり」と印象づけたんですからね。だからこそ織田さんにメディアもスポットを当てたと思うんですね。先生の織田さんの印象はどうだったんですか?

山之内　とにかく一生懸命な人という印象でした。織田さんに限らず、神戸山口組の5人の人たちも、六代目体制発足当時、本当に一生懸命でした。そやから、六代目側に上手く戻ってこられないもんかって思いますね。

◯警察当局の締め付けは変わらないのか

山之内　今、とにかく厳しいですね。暴排条例のおかげなのか、カタギの人たちのヤクザ離れが浸透してる。すると残されたシノギは、薬物など違法なものしかなくなってしまう。正業に近い建築や産廃、人材派遣というようなことが、どんどんなくなっている。本当に食いにくくなっているんですが、他国の組織犯罪集団と同じように地下結社になっていいのかというと、そうでもないんです。全部、解散させようと思ったら簡単なんですよ。結社罪というのを作ったら一発でヤクザ組織を壊滅できるんですからね。

沖田　それをしない理由は、地下に潜られてしまったら、捜査当局が対応できるのか分からない点と、また新たな勢力、例えば、半グレですね。そういった連中の際立った台頭、それによる治安の乱れが怖いということですかね。ヤクザが新たな勢力の抑止力の役目を果たしている面も事実ありますしね。不良社会の頂点は、日本の場合、どこまでいってもヤクザです。そのトップの勢力を壊滅させて得るものと、失うものを考えれば、明らかに失うものの方が大きい。それをどこかで理解しているから壊滅させないと思うんです。

山之内　やっぱり地下に潜られると検挙できなくなってしまうんでね。それよりは、犯罪がなくなることはないんですから、組員全員を手のひらの上で管理していくいうんですかね。世間を騒がせた犯人を出させるようにするとか、そういう形で犯罪多発型集団を支配することによって、極端な言い方をすれば、犯罪を管理していくようなね。そっちの方が国家として良いと考えてるんじゃないかと思いますね。

地下結社にして完全にヤクザを国の敵対組織として追いやるのは、まずいと思ってるんじゃないでしょうか。日本は独特なんですよ。他の国では一切ない。

ただ歴史的なものがあるんで。政治がヤクザの暴力を使った時代、ヤクザが治安維持を助けた時期もある。日本の場合は、完全な反社会的勢力ではなかった。でも、だんだんと国からも、政治からもあるいは企業からもどんどん必要がないものになってきてるんです。かと言って、全部を解散させて新たな地下組織としての組織犯罪集団ができることは決して望んではない。

沖田　先生は現在、ヤクザをやっていく意味ってあると思いますか?

山之内　世の中に真っ当に生活していける人だけなら、ヤクザっていらない。世の中に不真面目なヤツっているわけですよ。世の中に順応できないヤツがね。アホらしいて、人から命令されて働けるかとか、短い人生なのにね、朝の8時に仕事場に行って、一日働くなんてバカみたいなことやってられるか、みたいな人がおるわけですよ。通常の社会からはみ出してしまう人間というのが、絶対出てくるんでね。そういうのを考えると、社会に行き場をなくした人たちの受け皿として、ヤクザ組織の意義はあるのかと思ってます。

沖田　確かに半グレ[4]や犯罪集団に流れていくよりも、力づくでも規律を守らせるヤクザ組織に入り、型にはめられた方が社会的にも適応できる人間になりますもんね。ただ、今はなんで逮捕されるかが分からない[5]。口座ダメ、賃貸ダメ、なんでもかんでも逮捕、逮捕。賃貸なんか致命的ですよね。挙句シノギがない、メシが食えないとなると、新たな人材が入ってくる要素がない状態ですよね。

山之内　各種商取引にある暴力団排除条項、これをヤクザ全員に厳密に当てはめたら、生きていけませんよ。でも、これは今だけという可能性もあります。いわゆる微罪逮捕というようなものはね。形式犯というのは、例えばオウムの時なんかは、本当に信号無視とかでも逮捕してましたからね。そういう意味合いでも、ヤクザに対して今が特に酷い。けれどもこの状態が続くとも思えないんです。

沖田　私自身も親分の引退に伴い、ヤクザ社会から足を洗ったわけですが、カタギになる最後の1年というのは本当に酷かった。もう警察から狙われて、狙われて。ま、嫌がらせみたいなもんでね、警察も私を逮捕しろ、逮捕しろってね。もう6年も前からこういう状態が続いているということになるんですが、先生が「このまま続くとは思わない」と考えるのは、今後はヤクザに対する警察当局からの締め付けが緩和されていくということですか？

山之内　先ほども言ったように、暴力団排除条項をまともに当てはめたら、携帯電話を買っても、その電話機を分割で払うだけで、パクられるわけですから、ヤクザは生きていけません。生きていけないなら、ヤクザは地下に潜るでしょう。それも警察は困る。ならば、今のような取り締まりをしていくわけにはいかない。

　要は人物次第になるんじゃないかと思うんです。微罪でパクってでも、要するにどっちが偉いのか分からしたらなあかん。警察が偉いんか、ヤクザが偉いんか、分からしたらなあかんとね。でも、素直に分かればそれで良いんですよ。警察も暴力団がなくなるとは思っていないんですからね。だから、警察にとって従順な団体だったら、それで良いんじゃないかと思う。ヤクザがやってるシノギを必要とする需要が世の中にはあります。だから潜在的な地下結社にしてしまうよりは、日本独特のこういうやり方でいいんじゃないかって考えてるんじゃないですか。

沖田　先ほど、結社罪っておっしゃっていましたが、結社罪の施行に様々な障害があると言われてきてるじゃないですか。結社の自由だけでなく、思想信条の自由といったものにまで影響するんじゃないかとかね。だから結社罪を作ろうとしても国会で通らないのではと聞いたことがあるんですが……。

山之内　すぐにでも通りますよ。今年にでもやろうと思ったらできます。国会に出せば反対なんてなく全会一致ですよ。警察庁が法制度を研究して、あとは党が出すのか、内閣が出すのか……その必要性がないんですけどね。もし結社罪を作るなら、暴対法の改正でやれると思います。沖田さんが言うように結社罪というのは他団体にも適応されて憲法上、結社の自由を侵すから作らないということになっとるんだけども。でもね、暴力団だけにしか適応しないことが確かであれば、誰も反対しない。暴対法というのは、暴力団専用の法律なんでね。暴対法の中に改正として、結社した者は犯罪である、とやればすぐですよ。

沖田　それならば、憲法上の結社の自由にも当たらずに、ヤクザだけを対象に結社罪を適応させることができるというわけですね。

山之内　ヤクザに対して「反社」という言い方をしますね。反社会的集団の略称ですが、犯罪を目的にしている、もしくは組織を維持する過程で、構成員の犯罪が恒常的に多発し、組織も構成員の犯罪を容認している集団という意味です。

犯罪を野放しにするばかりか、時には褒め称えてお金や地位をプレゼントするような団体は、社会の敵であるということですよね。つまり、公共の福祉に反する団体ですよ。憲法で保障する基本的人権も、公共の福祉に反する場合は制限されますので、反社会的集団に結社の自由なんてないんです。ヤクザ側は「我々は任侠という思想を求道する者で、犯罪を目的にしていない」と反論しますが、要は集団の運営がほぼ必然的に犯罪を発生させているかどうかが重要なんです。だから、本当にヤクザだけにしか適用しないということを皆さんが信用すれば、国会でも満場一致で可決じゃないですか、今やったらね。今はそれくらいヤクザのイメージが悪いんですよ。なんでこんなに国民から嫌われてしまったかと言うとね、いくつか原因があると、ぼくなりに思ってるんです。

沖田　私がヤクザになった20年前と今を見比べただけでも、ずいぶんとヤクザを取り巻く環境が変わりました。ヤクザへの弾圧が凄い。ヤクザと言うだけで、べらぼうに刑期が高い。実感として、ここから急激に変わったと思う境界線は、やはり工藤會[6]ですね。当局は工藤會を国家への挑戦。民間テロとして扱い、徹底的に壊滅へと乗り出しましたよね。

山之内　民間に対する攻撃は確かに世間から嫌われてしまいますね。それは決め手ではあるかもしれないけど、一番大きな原因は民事介入暴力だと思うんです。これがスタートになっていると思いますね。民間の経済の中にヤクザがシノギを見つけてしまった。交通事故の示談なんかをヤクザが処理していた時代があるんですが、そういう民間の経済活動の中に、ヤクザがかなり深く手を延ばしてしまったことが大きな原因でしょうね。それも暴力を前面に出して、民間経済に手を延ばしてしまった。公平で自由な取り引きを歪めて、暴力を持っている方に不公平な利益が落ちてしまう。そういう活動をヤクザがしたわけです。そこにじわじわと反発が溜まってしまった。そこにきて、工藤會が来て、もうアウトでしたね。

沖田　国家権力が本気を出せば、ヤクザ組織なんてひとひねりだということを見せつけられましたよね。あれだけ反警察で有名な工藤會が、トップまで逮捕されてしまいましたもんね。暴排キャンペーンにも拍車をかけてしまいましたしね。

山之内　それだけ世間がヤクザに対して良い印象を持たなくなった原因というのはね、やっぱり民間企業に対するものですわね。ヤクザが昔みたいに博打だけで食ってたら、こんなことには絶対になっていない。特にバブルの時代は民間経済活動への食い込みが酷かったですからね。

沖田　その反面、今回のように山口組が分裂すると、大手メディアまでもが取り上げて世間が注目するじゃないですか。それだけ嫌いな暴力団のはずが、普段はヤクザを取り上げることのないメディアまでもがごぞって取り上げた。ＴＶに映る織田さんを見て、カッコいいという声を何度も聞かされました。それはなぜだと思います？

山之内　暴力っておもしろいですもん。日本人というのは暴力をもの凄く抑え込まれている。ほんの些細なケンカでも傷害だの暴行だのと大層にやるんですよ。それくらいええのやないか、いうことでもね。だから、唯一暴力を売り物にしてるヤクザがおもしろいじゃないですか。

沖田　確かにケンカって見てる分にはおもしろいですもんね。これは聞いた話なんですが、分裂騒動を昼のニュース番組で執拗に流していた局があったんですね。昼間の番組と言えば主婦層じゃないですか。主婦層に暴力団のニュースなんておもしろいのかなって思っていたのですが、数字が取れていたというんです。なぜかと言えば、主婦はお家騒動が大好きで、六代目山口組の分裂をお家騒動として観ていたというんですよ。

山之内　単純に娯楽でしょうね。そういう風潮に乗せられて、今はどっちにしても犠牲を出してはダメだと思う。それは織田さんも犠牲を出さずに一つの山口組になるのが良いって言っている。その意味では全く同じ意見なんだけどね。

沖田　そこで思ってしまうのは、ヤクザやる意味なんですよね。根底にある暴力を暴力団同士であったとしても行使することができない。ヤクザであるがためになんで逮捕されるのか分からない。挙句に金儲けするシノギは全て抑え込まれてしまっている。将来ヤクザはどうなると思いますか？

山之内　潜在化するかどうかでしょうね。潜在化してしまうと、ヤクザというニュアンスがなくなっていきますけどね。犯罪集団になっていくでしょうね。その代わり気兼ねせず悪いことできますよ。見つからなきゃいいんだから。ヤクザって一つの文化みたいなもんがありますんでね。精神的なものがあるんで、そういうのはなくなって組織犯罪集団になっていくんでしょうね。ただヤクザがなくなるかどうかというと、今が瀬戸際と思うんですけどね。これ以上、追い詰めるということはないと思うんですけど、追い詰めるとは結社罪を作ってしまうということですわ。今はがんじがらめにして、身動きが取れない状態と言っていいくらいです。ヤクザの本領である暴力を発揮することができない。だからこれ以上、追い詰めることはないと思うんです。

沖田　形は全く違いますが、オウム真理教ですら、あれだけの事件を起こしたというのに、名前を変え分派しながらも、あれだけ世間を騒がせたのに、その血統を継ぐ団体が存在しています。それを考えても、ヤクザを徹底的に壊滅させることはないとは思います。ただ反対にヤクザ側が少しずつ姿を隠していくでしょうね。偽装破門もその一つです。組員として、登録する必要がないんですから。登録したらリスクやデメリットの方が大きい。それならば、隠した方が遥かにやりやすいし、シノギも入り込むことができてきます。唯一そこに欠点が生じてしまう可能性があるとすれば、組織に対しての忠誠心ではないかと思うんですよ。ヤクザは精神論なんで常に自分自身に、オレはヤクザなんだ、と言い聞かせて生きているわけです。そのかまえが、犠牲もリスクもそして諦めなんかも生むわけなんですが、形だけでも組織を離れた場合、次第に気持ちが薄れていくんじゃないかと思うんですね。隠したはいいものの、それを機に組織からフェードアウトしていく組員も出てしまう恐れがあると思うんです。ヤクザのカタからは、世間向きに外れますからね。ヤクザはやはりカタにハマってないと演じにくいと思うんです。

山之内　細い道は残しとくんじゃないですか。今はもうヤクザ人口が減ってますけどね。将来、大きくなる可能性だってないわけじゃないですからね。第一次頂上作戦の時は、日本でも19万人くらいのヤクザ人口があったと思うんですけど、それがグッと縮まって、山口組以外はみんな一旦、解散してしまったんです。ほいで、捕まえてどんどんどんどん懲役にぶち込んでね。そしたらそういう連中が出てきて、また大きくなりましたもんね。

沖田　第一次頂上作戦⑦が終わって、警察の厳罰化は次第に緩まっていったんですか？

山之内　緩くなりました。第一次頂上作戦は1964年から始まって、3年くらいの間に全国のヤクザ組織がみんな解散したんです。山口組は解散しなかった。それでも、さんちかタウンの恐喝事件で田岡の親分も捕まってますけどね。片っ端から検挙したんですね。

沖田　その時と今の取り締まりの状況は似ていますか？　それとも今の方がもっと酷いですか？

山之内　今の方が酷いね。いよいよ追い詰められてね。食っていけないですもん。何しても捕まりますしね。ヤクザが暴力で凌いでいく時代でもないですしね。

◯半グレの台頭

山之内　結局、ヤクザなんてやってられるかということで、半グレというグループが世の中の需要に応えているんじゃないですか。世の中には需要があって、それはなくならない。いわゆる特殊詐欺とか薬物とか、まあ歓楽街の用心棒とかにも絶対に需要があるんでね。

沖田　ヤクザと半グレが別組織かと言えば、実際はそうではないんです。イメージとしては、ヤクザにすらケンカを売ってくる不良集団みたいに思われているが、決してそうではない。その証拠に準暴力団に認定されている有名な半グレグループとどこかのヤクザ組織が抗争してる、なんてこと聞いたことがないでしょう。要するに、組織同士かどうか分かりませんが、少なくとも個々ではヤクザ幹部との繋がりが必ずあります。グループの上にいけばいくほど。そこには半グレ独自の文化もあって、ヤクザよりも義理人情に薄い。だからこそ、力や名前のある幹部との繋がりを重視してますよね。ヤクザにしても、力や金を持った半グレのリーダー格を抱えることで、資金も豊富になり、力もついてくる。揉めても代紋を切れない時代ですから、ある時はカタギ、ある時は不良とフットワークの軽い半グレの方が社会で適合できてますよね。

山之内　ヤクザは上納金がきついし、規律もうるさく窮屈、その上シノギもできん。それよりは、ヤクザとつなぎをつけながら、一定の距離を保ち、半グレに属している方が良いんでしょうね。薬物でも特殊詐欺でもなんでもやれますもんね。

沖田　オレはヤクザなんだと自分自身に常に言い聞かせて暮らしているヤクザとは、意識も違いますしね。悪いことをしている感覚が乏しいと思うんです。結局、彼らのやり方が世の中は金なんだという生き方を表していますよ。

山之内　そういった面では、任侠山口組も緩いと思うんですけどね。でも、その緩さが納得できないという人たちが六代目に戻っているわけですもんね。だいぶ、六代目側に任侠の人たちが戻ってきたんじゃないですか？

沖田　ここへ来て、それも落ち着いてきた感がありますが、2018年夏頃からは、立て続けに六代目系列組織への移籍が相次ぎました。ただ任侠の緩さと半グレの緩さでは、代紋を持ってるか持ってないかで大きく違うでしょうね。仮に当番免除で身体も取られない、会費もほぼ要らないと言われても代紋があるとシノギができませんし、シノギの現場にも食い込んでいけませんから、その差は大きいと思います。

あと精神論ですね。いくら緩くてもヤクザ独自の精神論は崩れていませんしね。

それがなくなればヤクザをやってる意味もなくなることに繋がります。
実態の把握されていない半グレのメンバーなんて、自分で事業をやることも可能ですし、実際やってますしね。表に出られるということは、つまり人脈も広がりますから、そういった面でも今の社会に適合できているのかもしれませんね。

山之内　その半グレを去年、大阪府警が本格的に取り締まっていると、新聞に載ってました。

沖田　昔は殴る蹴るが当たり前の大阪府警に比べると、取り調べもマシにはなってるでしょうけど、それでも、都道府県で一番、きついでしょうね。どっちがヤクザか本当に分からない。ちょっと、上司っぽいのに言い返したら、若い方が「ウチの兄貴に何をヤマ返しとんね！」ってね。ワンツー打ってくるのは、分かりますよ。カマシ役となだめ役でね。でも、警察官の取り調べで「兄貴」って。普通の人が聞いたら、カルチャーショック受けますよ。

山之内　昔に比べたら、それでもずいぶんと緩いですよ。その代わり、狭くなってきたけどね。なんでもかんでも裁判所に推認してもらえるから、気楽なもんです。携帯でも通話履歴だけでも有罪認めてもらえるしね。立証が楽になりましたわな。昔の大阪府警の調べ言うたら、むちゃくちゃでしたもんね。特に大阪戦争の頃ね。

沖田　同じ事件を打つなら、大阪以外でやろうと誰しも口にしていた時代ですよね。先生も府警の取り調べに対して、ずいぶんと抗議されたんですか？

山之内　やりましたよ。抗議のやり方もいろいろあるんだけれども、直接言うケースもあります。「ええ加減にしてください」て、取り調べ官に直接言うケースもあるし、内容証明を郵送で大阪府警の本部長宛に出してやったりとか、検事に出したり、裁判所に執行停止を求めたりね。もの凄く酷い暴力やから、勾留の執行停止を求めたりね。一番良くやったのが、移管申し立てですかね。あれをやったら暴力が止まりますね。

沖田　拘置所に移管して、警察署ではなく拘置所の中で取り調べするやり方ですね。さすがに、そこでは取調官も管轄が違うので、拘置所のルールに沿った調べ方になりますもんね。署内みたいに融通がきかないし。

山之内　ぼくが、そもそもそうだった。逮捕されて、留置場は2日間だけで、3日目から拘置所でしたからね。

沖田　さすがに先生には府警の暴力も紳士的な対応でしたか？

山之内　どついたり蹴ったりはないですけどね。大声と執拗な嫌味はありました。ぼくも大声出したことあるしね。こっちも腹が立ったことがあるんでね。

沖田　逮捕されることは前もって分かっていたんですか？　明日に逮捕されるとか、情報は入っていたんですか？

山之内　分かってました。それは夜中の2時か3時頃、当時、親しくしてた新聞社の記者が、朝刊の交換をやってたんですよ、各社のね。そしたら毎日新聞がスクープ出してるって私に電話くれたんですよ。「山口組顧問弁護士逮捕って出てまっせ！」てね。

沖田　思わず逃げ出したくなるシチュエーションですね。どう思いました？びっくりしましたか？

山之内　いつかは来ると思ってたし分かってた。それは何人かから聞いてましたんでね。府警が、先生狙ろてまっせ、て聞いてて、まさかと思いながらも、あるだろうなってことは予想しとった。ぼくは来たらいつでもいいと、逃げるのは嫌やと言ってたんですが、宅見さんが「逃げてくれ」言うてたんですよ。「ええから体（たい）かわしてくれ」と。しばらく体かわすと言うのは、基本的には良いこともあるんですよ。

沖田　共犯関係が先に逮捕された時は特にですね。どうなるか判断がつきますし、警察サイドからも出てきてもらいために、鵜呑みにはできませんが情報を投げかけてきますもんね。それで大体、起訴か不起訴の見通しはつけられますし、身辺整理もそうですけど、心理的にも突然の逮捕からの取り調べとは全く気持ちが違いますからね。

山之内　ほとぼりが冷めるまで体をかわせば戦況も見れますしね。基本的には逃げてよく考えた方が良いんですよ。宅見さんからも、体かわして逃げてくれって言われてたんですけど、ぼくはその気がなかった。

沖田　もしも先生が体かわしてたら、余計にメディアも騒いだでしょうね。「恐喝未遂の山口組顧問弁護士が逃走」って見出しだけでも部数上がりそうなインパクトありますし、ＴＶも一連の事件の背景を振り返りながら、これでもかこれでもかって報道できますしね。

山之内　捕まってからだと言いたいことを言えないんでね。それで新聞社の彼から電話もらって、捕まる前にみんなに言うたろうと思ってね、メディアに連絡入れたんですよ。こうこうこういう事件で今日捕まるから来てくれって。散々、ぼくは何も共謀なんてしてないってメディアの人たちに喋ってやったんです。だから逮捕の瞬間は、マスコミの人らがたくさん見守る中で、その人たちをかき分けて車に乗るような状態でしたけどね。だから大阪府警もぐわーっなんて言えない、「先生行きまひょうか」で、ぼくも「はい行きましょう」でしたね。あとでぼくを調べた刑事が言ってたんだけど、ぼくの事務所を裁判所の8階からずっと監視してて、マスコミがようさん来てるからどないしようと思ったって言うてたもんね。でも見送るわけにはいかんから、その中をパクりにきたんだけれどもね。

沖田　パクられる瞬間って、本当に嫌なもんです。14歳から逮捕されてきましたけど、何回、パクられても慣れない。とにかくガクンときますね。私は18歳から20歳まで逃げたことあるんですよ。家の屋根から飛び降りてね。その時は結果として逃げ得でした。なぜかと言うと、その時にパクられてたら、確実に1年は少年院に入ってましたからね。でもハタチ過ぎてパクられたんで、成人扱いになり10日で帰ってこられたんです。えらいもんやと思いましたね。でも逆に30歳の時ですかね、逃げたお陰でその期間も悪さして逮捕された際には、余計に刑務所に行く年数が増えてしまったんです。そう何度も上手くいかないものですよね。でも先生のその時の恐喝未遂は、無罪ですよね？

山之内　無罪です。有罪になったのは2回目の事件です。あれは本当に考えられなかった。依頼者が事件師にいじめられとったんですよね。その依頼者というのが職人なんですが、自分の工場を借りてたんです。そこを事件師の悪いヤツに封鎖されよったんですよ。それで私がね、当日納品せなあかん製品が入ったままですて言うもんだから、鍵の横のスレートを割って入って、取り出したらええ言うたんです。それで依頼者がスレートを少し割った。それを封鎖してたヤツが見とって、建造物損壊やって言いよったんですな、警察に。被害額が2万6000円だったかな。

沖田　さっき話した逃げ得という事件があるじゃないですか。それの被害額が1万5000円だったんです。共犯がいてたんで、それを半分ずつに割ったんですけどね。それでパイ。たかだか2万6000円で起訴して有罪にしてしまうって、何がなんでも、当局は先生の弁護士資格を剥奪したかったんでしょうね。

山之内　本来やったら、大家さんが被害者なんですけれども、警察がガッチリガードしてましたね。私に被害弁済させないように、絶対に応じないようにさせてるわけですよ。もう一切、どんな連絡があっても出るなってね。実際、家主さんは全然関心がないんですよ、「かなわんな」と言うだけで。約17年借りてくれてた店子さんが割っただけなんでね。そんなスレート板1枚で警察沙汰になってかなわんな思ってるわけですよ、家主さん自身はね。でも警察が絶対に告訴を取り下げんとってくれ言うて、ぴっちりガードしてね。私の方は職場を封鎖された件を業務妨害で告訴していたんですが、警察は握りつぶしです。

沖田　それは依頼者も罪になってますよね。先生がどう言おうが、割ったんはそいつなんですから。先生が「かまへん、割ってしまえ」って言うたから、そいつは割ったったって言いよったんですか。

山之内　言うてしまいよったんですよ。それどころか、この依頼者いうのが、変わったヤツでね。全部会話をテープに録っとるような人なんですよ。気の小さい人でね。ぼくが、そんなん割って入ったらええ言うたんも全部テープに録ってたんですね。

沖田　なんか聞いてたら、その依頼者がハメにきたように聞こえますよね。そんな会話を録音されたくらいで弁護士資格を剥奪されてしまうんやったら、もっと悪い弁護士っていてますよ。ようさんね。ま、私らに言わせたら融通の利く良い弁護士ってなるんですけど、世間一般の人が聞いたら幻滅するような弁護士っていてますからね。でも、気づかんかったんですか？　会話を録音されてるって。

山之内　全く気づかんかった。普通にあり得んですわ。自分の依頼者ですよ。まだ相手方やったら分からんこともないですけれど、自分にアドバイスを求めてきてる人間が、その会話をテープに録音してるなんて、あり得ないですわ。本当に変わった人でしたね。

沖田　結局は事件なんてどうでも良かったんでしょうね。当局からしたら、山口組の顧問弁護士というのが気に入らんかったんでしょうね。いっぺん無罪で負けてるし、余計に躍起になって、どんなことをしてでもって、執念をたぎらせてたんでしょうね。ヤクザでもそうですけど、ヒットマンに狙われるより、警察に狙われる方が確実にやられますもんね。どんなことでも事件に結びつけることができますからね。今は特になんでしょうけどね。

◯裁判所の衰退

山之内　昨年10月に長田区で発砲事件があった。場所が場所ですからね。織田さんの家のすぐ近所ですよね。何か格好をつけたかったたいう思いがあった可能性はありますね。それが組ぐるみかどうかは分かりませんけどね。ただヒットマンで行った連中を見ていると、過去に覚醒剤に溺れた経験のある人が多いですね。宅見さんも生前言われてましたから、「ワシとりにくるいうたらポン中くらいしかおまへんで」てね。でも、使う側からしたらポン中は恐ろしくて使えんですよ。警察に何を言うか分かりませんもん。

沖田　長田の発砲のあの犯人の写真って、TVですぐに広まったじゃないですか。今だから言いますけど、広めてしまったのって結果的に私なんですよ。私は早い段階であの写真をある人から提供されたんです。素性もね、刑務所から帰って間なしで、多三郎一家総長殺害事件で服役してる組長のところから、健國会の直参に上がった人だって聞いてたんです。でも私は書くのが仕事ですから、写真なんて広めるつもりなんてさらさらなかったんです。慎重にやりますしね。私はスクープで抜けば良いってスタンスじゃないんで。極力、誰にも迷惑をかけないように、情報提供者って本当に様々で、みんな信頼関係だけで話してくれていますから。たまたまその時にある人から協力したってくれって、言われてTV局の人を紹介されたんですね。まさかその日のニュースで使われるなんて分かりませんから、参考までに写メを送ったんですよ。そしたら夕方のニュースで使われてて、びっくりしましたね。さすがにそれは違うだろうと言いましたけどね。

山之内　そんな裏側があったんですな。でも、マスコミの人たちはやりたがるでしょうな。あのケースは拳銃を4丁も持ってたのはなぜだ、抗争のためじゃないのか、て騒いでたでしょう。織田さんを狙うつもりだったんではないか、とかね。でもね、ポン中と拳銃はニコイチですからね。セットになっていますから。覚醒剤に狂っている人間は道具を欲しがりますんでね。

沖田　あと、覚醒剤と無免許もワンセットですね。無免許で捕まって尿検査されて、シャブが出て懲役ってパターン多いですよね。でもこんな事件でもですよ。もしウソでも、上の指示で弾きに行こうとしてたって言い出すとするじゃないですか。警察はその証言に乗ると思います?

山之内　乗るでしょうね。今は捜査当局も乗ってくると思いますね。こんなええ加減なんあきまへんでっていう意見も当然あると思いますけどね。でも、⑧暴対なり4課の刑事の中には、これ乗りましょうっていうのもおるでしょうね。起訴してしまえば、裁判所は絶対にパスしてくれますからね。

沖田　本当にデタラメであったとして、片側の証言だけで、公判維持は可能だと思いますか?

山之内　今の裁判所ならなんとかなるでしょう。だから、起訴されたらかなり危ないと思っていいですね。共謀として指示されたという言い方が、いかにも他の客観的状況証拠と合わさっていない時なら別ですよ。それは、さすがに裁判所も有罪にはできないだろうけど、事務所における時に上から「行ってくれるか」と言われたというくらいで有罪になる可能性があります。事務所でというのは、ストーリーとしては幼すぎるというか、絵の描き方が幼すぎますけどね。背景、事実、周りの客観的証拠が出揃えば、推認してくるでしょうね。

沖田　代紋を持ってると、持ってないでは慎重さも違うでしょうけれど、代紋持っていると共謀や教唆って恐ろしいですね。昔なら、20日でパイだったケースが無期にもなり得ますからね。小西一家の総裁の落合さん（三代目小西一家・落合勇治総裁）なんて、指示されたという供述を二審で、実はウソだったと共犯者の元組員が言ってもひっくり返せなかったですもんね。

山之内　供述がなかったとしても、ヤクザの行動原理として共謀を推認できるってやるんですからね。

沖田　司の親分らの銃刀法なんて、まさにそうでしたよね。

山之内　あの事件なんて誰も指示していたと供述してなくても、ヤクザの行動原理からしたら、指示していたことが推認できるなんてやるんですもんね。推認、推認ってね、裁判所がヤクザの行動原理なんて知るわけないのにね。そんな大それたことをトップが知らないわけがないと推認できるってやるんですから、お手上げですわ。

沖田　仮にヤクザが無罪でも取ってしまおうものなら、検察も警察も面子を潰されたとして、意地になってきますしね。国家権力が意地になれば、家で寝ているだけでも罪にできますよ。だから大事なのは目立たずひっそりとが一番なんですけど、それではヤクザやってる意味がないですし、ヤクザとして食べていけないですもんね。難しいですよね、今の時代にパクられずにヤクザをやっていくことって。

山之内　それに歳を取ったら懲役が誰でも嫌になるんですよ。ヤクザと言ったら、どこまで行っても暴力。その暴力を発揮しないといけない。いくらマスコミに名を売っても仕方ないんですよ。そんなんじゃやっていけないですから。でも歳を取るとみんな嫌がるんです。走らせましょうかと言われても、そんな話をワシにしてくんなよ、とね。そりゃやってくれたら嬉しいけれど、こっちにもってこられたら、やめとけ言うしかなくなっちゃいますからね。

○ヤクザ組織の上意下達の運営

山之内　任侠山口組では下意上達と言ってましたが、やっぱり無理でしょうね。

沖田　下の人間の話に耳を傾けてやるというのは、ヤクザ組織だけに限らず一般企業にしても素晴らしいことだと思いますが、運営となれば上意下達でしょうね。それでどんな組織も今までやってきてますから、下の意見を上の人間にいくら伝えても運営はできないと思います。下の人間の言い分は理解できても立場が違いますから。そもそも上の人間は下の人間に無理なことを言ってさせているのは分かってるんです。でもそれはヤクザだから当たり前となるわけです。

山之内　やはり上意下達のトップダウンこそ組織力に繋がると思いますね。連合体の仲間ではやっぱり頼りないですよ。親分子分の盃の血でね。圧倒的な権者、その存在感とその下に従う者。親の顔を見て、自分の全てを捧げるという形式の方がぼくはいいと思いますね。

沖田　一和会も結局はそこを言われてますよね。

山之内　連合体ですもんね。仲間同志ですもんね。ＴＶでも平気で、山広、山広、言うてましたもんね。あれはやっぱりよくないと思う。

沖田　下の人間って上の真似します。呼び方なんかも、自分のところの親分が、呼び捨てにしたら、影で同じようにその人のことを呼び捨てでみんな呼んでますもんね。六代目の総本部でもありましたよ。執行部の人がプラチナの叔父さんなんかを呼び捨てにして、走り回ってる姿とか。そりゃ、締まるには締まりますよ。でも、そうやって辺りを気にせずにやってるもんだから、本家の部屋住みもやっぱり、呼び捨てにされて走り回る叔父さんをどこか軽く見てる態度を出してるんです。間接的な恫喝になるとは思いますが、夢みたいなもんはなくなりますよね。だって六代目のプラチナって言えば、親分の中の親分なわけじゃないですか。山口組でヤクザやってれば、誰だって一度は夢みる存在です。それが本家に上がれば、最初はこうなんか、と思うと二次団体の組員で良いわって思ってしまいますよね。

○山口組のトップに求められるもの

山之内　山口組というのはやはり力を信じる者が継ぐべきなんだと思いますね。いくら抗争ができない時代であろうとも、力の発揮できる人間、それから力を発揮することに常時、備えているっていう人間が継ぐべきやと思いますね。そういう意味では司さんは正当な後継者やと思います。やはり何が大事かと言いますと、ヤクザっていうのは最後は力でいくしかないんですよ。

沖田　本当にその通りで、異論もあると思いますが、私はヤクザとは暴力団で良いと思うんですよ。だからこそ恐れられる。恐れられるだけの力があるからこそ、頼りにもされると思うんですね。力とは何も暴力だけじゃないんです。比例して経済的な体力も必要になると思うんです。暴力と経済、その上で初めて持って生まれた人情味とか積んできた徳を発揮できると思うんですね。そこには人が必然、集まってきますよ。人が集まっていれば、無駄なケンカをしなくても良いですし、誰もケンカを売ろうと思いませんからね。

山之内　矛盾しているように見えるけど、力を持ちながら暴力を振るっちゃいかんのです。それに力を信奉する者は、最後は平和を望むようになるんですよ。

沖田　戦ってきた経験がありますからね、そういう人たちは。懲役の苦しみも切なさも寂しさも知ってはりますし、リスクも分かってますからね。だから立場が上がれば上がるだけ、親分になればなるだけ揉め事を嫌うようになりますもんね。

山之内　出世すれば出世するだけ、抗争なんてない世の中にしたいと思うようになりますもんね。懲役に行くということは、自分も苦しむし、周りも悲しませるしね。決して良いことではないですよね。それでもやはりヤクザ組織が存続していくには、力が背景に必要だと思いますね。そういう意味で、司さんという人はなるべくしてなった人やと思いますね。

沖田　筋を問えば、そこは六代目山口組ですよね。三つの山口組があっても、本家は六代目山口組だ、山口組は一つしかない、と言われるのは、ヤクザの筋によるもんだと思います。

　ただ、ヤクザ社会は特にですが、勝てば官軍と言うのがあって、筋を違えていても勝てばそれを美化することもできる。大義のためだったんだと言えば、納得してもらえる世界だと思います。

山之内　いくら大義があっても、絶対的である六代目山口組をね、出るということは大きな賭けですからね。出ていって、組織として残るためには、沢山の懲役、そして涙と血を流さなくてはならないんですよ。そんなのは、現在の社会情勢では無理。官軍になるような勝ち方ができない。特に、出ていった側は難しいですわ。

沖田　ヤクザの根っこって、舐められてたまるかっていうのがあると思うんです。「舐めやがって」と感じても一般社会では見返す方法っていくらでもあるじゃないですか。静かに時が過ぎ去るのを待ってやり過ごすことだって、生きていく一つの戦術ですしね。

でもそれができる人間なら、そもそもヤクザなんてなってないんですよ。「舐めやがって」と強烈に感じてしまったら、「よっしゃ、こっちもやったろうやないか」と思ってしまうのがヤクザ根性だと思いますね。そうなったら、頭を下げられませんからね。だから、神戸山口組や任侠山口組が詫びを入れて、帰っていくという姿は想像できないんです。

山之内 今回の分裂騒動があって、六代目山口組には大きな教訓が残ったと思うんですよ。お金の面では、実際に少しずつ変わってきてますからね。人事は親分の専権事項であって、唯我独尊がすぎれば反感を買う一方で、人をやる気にさせるという難しい面はあります。でも、人事だって変わっていくでしょう。というのも、六代目山口組側も決して自分が正しかったんだ、出ていった方がおかしいんだって、本気で信じている人は少ないと思うからなんです。合流したあとでも表向きは、ただの謀反だとなるんでしょうけども、分裂で得た教訓は生きていくと信じています。

もちろん解決を焦ってはいけません。時間が解決してくれるんですからね。早く良い方向で、みんなが納得できる方向で終わってほしいですね。

（注）

①異例のメッセージ＝２０１５年９月１日の定例会で配布された文書。「先人たちの眠る静謐な墓前にひざまづき、頭を垂れるのみであった」と書き出されており、司忍組長の率直な気持ちが記されていた。

②いわゆる統合交渉＝２０１６年５月に神戸山口組が若頭会の席上で明かしたとされる交渉で、その後は複数のメディアのインタビューに、当時の神戸山口組・織田絆誠若頭代行が答えて、六代目山口組の高木康男若頭補佐と統合交渉をしたことを認めている。ただし、六代目山口組側は交渉を否定している。

③溝口敦＝山口組取材のパイオニアとして知られるノンフィクション作家。任侠山口組結成後の織田代表にインタビューし、著書「山口組三国志　織田絆誠という男」で詳細を描いている。

④半グレ＝ヤクザに所属せずに犯罪を行う人、または集団を指す。「半」はヤクザとカタギの中間的存在であること、「グレ」は愚連隊やグレーゾーンを由来とも言われる。半グレは法律上は暴力団員でなく一般人なので、暴対法などの規制外にある。そこで、警察庁は「準暴力団」との呼称をつけて取り締まりを強化し、実態把握に努めている。

⑤今はなんで逮捕されるかが分からない＝ヤクザは一般人ではとうてい逮捕にまで至らないような容疑で逮捕されることが多い。各警察にはヤクザを取り締まる強化月間があり、いつでも逮捕できるよう「引きネタ」を用意しているという。昨今は各種の契約に暴力団排除条項があり、暴力団であることを隠して契約を結んだとして詐欺容疑で逮捕されるケースが多い。

⑥工藤會＝福岡県北九州市に本部を置くヤクザ組織。当局から、カタギにも攻撃を辞さないとみなさ

れており、国内唯一の「特定危険指定暴力団」となっている。2010年に警察庁長官が福岡県警小倉北署を訪れ、工藤會の壊滅を指示。この「工藤會壊滅作戦」により、総裁や会長、最高幹部の多くが勾留や服役中である。

⑦第一次頂上作戦＝東京五輪を前にヤクザ組織の壊滅を目指した警察が、組織のトップや最高幹部らを徹底的に検挙したこと。

⑧暴対なり4課の刑事＝暴力団対策課や捜査4課の刑事のことで、昨今の警察は組織犯罪対策課となっていることが多い。ここでは、いわゆるマル暴刑事を指す。

⑨小西一家の総裁の落合さん＝六代目山口組三代目小西一家の落合勇治総裁のこと。二代目小西一家総長として六代目山口組直参だったが、2008年に起きた住吉会系との「埼玉抗争」で報復を指示したとして、現在は無期懲役で服役中である。

対談を終えて

山之内　幸夫

ヤクザを取り巻く環境は、時代によって著しく変わる。現在はかつてのバブルを謳歌した反動を強烈に受けている時で、シノギは激減して、警察の微罪検挙も行きすぎて理不尽の域に達している。銀行口座を持つことやマンションの賃貸借契約を禁じられるどころか、郵便局で一日アルバイトをしたのが詐欺に当たるとして組員が逮捕された。もうヤクザでは食っていけないし、ヤクザである限り人間として生きてはいけない。

こんな時代に分裂して立ち上げた新組織に展望があるのか。私は常々、疑問に思っていた。それだけに、メディアで発言する機会を得るたびに、「犠牲を出すことなく再合流することを望む」と話してきた。容易ではないことは分かっていながら、当事者たちのコンセンサス形成に役立つのではないかと考えてのことだ。沖田さんとの対談を書籍にしたいとお声かけいただいた時も、まず思い浮かべたのはコンセンサス形成の一助になればということだった。そこで、今回の仕事を引き受けさせてもらった。

沖田さんが元山口組系のヤクザで、長い懲役を経験されていることは聞いていた。私の経験上、長い懲役に行くとヤクザっ気が抜けない人が多いと思っていた。ところが、話をしてみて驚いた。その物腰は完全なカタギで、およそ現役時代を想像できないほどだった。それでいて、さすが元本職である。ここまで読んでいただいた方にはわかるだろう。組織に身を置いた者にしか発揮できない感性が、言葉の随所に現れている。これには、私も大いに勉強させてもらった。中でも、「ヤクザは究極のボランティア」との表現には感服した。

沖田さんは「究極のボランティア」は求心力によって紡ぎだされるものと言い当てている。言い換えれば、ヤクザ組織の運営指針は、まさに求心力の維持と向上にあると言ってよい。

それゆえ、山口組の代紋は求心力のシンボルでもある。盃を下ろされた組員は、山菱の代紋を背負うことで、自信と勇気が湧いてくる。また、シノギをする上でも優位となるだけでなく、他組織とバッティングした時に大きな力を発揮する。

まさに、物心両面で組員を支えるのが山菱の代紋なのだ。それは、過去に数々の抗争に耐え、血と涙の結晶で築かれたものであるからに他ならない。死んだ者、懲役に落ちた者、その陰で泣いた家族の涙まで吸い上げることで形づくられた名跡でもあるのだ。かけがえのない存在であることは、割れることで結成された山口組のどちらもが山菱の代紋を掲げていることからも分かるだろう。

ただ、本当に山菱の代紋は三つも必要なのだろうか。分裂から3年が過ぎて、少しずつだが、その答えは見えてきたのではないか。

六代目山口組が「神戸」や「任侠」と棲み分け、共存の道を選ぶことはあり得ない。勝手に出ていって、同じ代紋を掲げることを承認することは不可能だからだ。ヤクザ社会のルールからの逸脱を認めれば、業界から失格の烙印を押され、六代目山口組の求心力は地に落ちてしまう。

ヤクザ社会ではルールよりも暴力が勝る。ならば、ルール違反を犯している新組織側が力でねじ伏せることは理論上では可能だ。が、現在の社会情勢から見ても、抗争を引き起こすことなどできないのが現実でもある。つまり、山口組は一つになることは自然の流れで、最初から決まっていたに等しい。

もちろん、「六代目」側が神戸山口組に寄っていく、もしくは任侠山口組に吸収される可能性もゼロではない。だが、三分裂下で起きている現実を前に、その可能性に賭けられる人が何人いるだろうか。時間の経過とともに、自然と組員が、どの代紋にわが身を賭けるべきかを選んでいるではないか。やはり、六代目山口組へと合流していくことで終幕を迎えるように思える。

ただ、そこでネックになるのは、六代目山口組が名指しで永久追放とした親分衆の処遇だ。なんとか上手な引き際を作ってやることはできないのだろうか。それは身の安全の保証と経済的な問題に片がつけば順調に進むはずだ。例えば、永久追放された親分衆が引退して、その代を継いだ者が先代親分の身を守ってやるのが最良の道だ。たとえ、後継者が六代目山口組に帰参したあとでも、後継者が個人的に先代親分の面倒を見ることに、「六代目」側は目をつむってあげることはできないものか。さらに言えば、もし後継者に守ってもらうという道を選択するならば、分裂を主導した親分衆は若い衆を六代目山口組に帰す仲立ちをすべきではないか。

この私の考えに、沖田さんは明確に否定も肯定もしなかった。やはり現役時代の感性からすると、容易にできる解決法ではないのかもしれない。しかし、分裂の終わり方は一つに絞られているのは間違いない。現在の異常事態に幕が引かれたら、私の考えが正しいか間違っていたかが分かるはずだ。そして、その正解が分かるのは、そう遠くない時期に迫っているような気がしてならない。

平成31年4月

山之内幸夫

（やまのうち・ゆきお）

1946年生まれ。早稲田大学卒業。75年に大阪弁護士会に登録。損保会社の顧問弁護士としての粘り強い交渉力を買われ、ヤクザからの依頼が殺到。84年に山口組顧問弁護士に就任。以来30年にわたって、山口組顧問弁護士を続けた。その間、88年に「悲しきヒットマン」（徳間文庫）で作家デビューするなど、マルチな才能を発揮。だが、91年に恐喝容疑で大阪府警に逮捕され、無罪を勝ち取るも14年に建造物損壊教唆で在宅起訴、15年に有罪が確定。弁護士資格を失う。近著に「日本ヤクザ『絶滅の日』」（徳間書店）。

沖田臥竜

（おきた・がりょう）

1976年生まれ、兵庫県尼崎市出身。20代でヤクザ渡世に身を投じ、通算12年間を刑務所で過ごす。服役中に執筆活動を始める。出所後は六代目山口組二次団体で若頭代行を務めるが、14年に親分の引退に合わせて、ヤクザ社会から足を洗う。16年に「生野が生んだスーパースター 文政」（サイゾー）でデビュー。以来、ネット媒体を中心に新聞、週刊誌で山口組分裂関連記事を執筆。17年に「尼崎の一番星たち」（サイゾー）を刊行し、18年には小説「死に体」（れんが書房新社）を上梓するなど精力的に執筆活動を行っている。

山口組の「光と影」
昭和と平成それぞれの分裂

2019年6月3日　初版第一刷発行

[著者]
山之内幸夫　沖田臥竜

[発行者]
揖斐　憲

[発行所]
株式会社サイゾー
〒150-0043
東京都渋谷区道玄坂 1-19-2 スプラインビル 3F
電話　03-5784-0790（代表）

[印刷・製本]
株式会社シナノパブリッシングプレス

ISBN 978-4-86625-115-8